JN238917

コミックでわかる

アドラー心理学

[監修] 向後千春 [作画] ナナトエリ

Beginner's Guide to Adlerian Psychology

主な登場人物

坂井麻衣
失業中の元アパレル店員

藤崎 悠
学習塾経営者

大久保健司
単身赴任中の会社員

※このまんがはフィクションです。実在の人物・団体・事件などとは関係ありません。
※作品中の引用文の出典は、すべてアドラーの著作です。

Prologue

人生の悩みはすべて「人間関係」でできている

アドラー心理学の基本前提

アドラー心理学とは、アルフレッド・アドラーが
最初のアイデアを提示し、その後継者と
研究者たちが発展させてきた心理学理論のひとつで
とりわけ子育てや学校教育に生かされてきた。
アドラー心理学を知ると、人間関係が変わる。

Lesson 0
私の未来を変えるには…？

シェアハウスなんかに住まなくちゃいけないんだか――
シェアハウ
日暮荘
古い家…
ゴキブリ出そう…
えーとカギカギ…
あ今日から入ってくる人？

同居人の藤崎です
よろしく
藤崎 悠
学習塾経営者
わっ! カッコイイ
これはラッキー♡
はっ
こ こちらこそっ
案内するよ
ここが君の部屋だから
パタン

コトン…
…
ガチャ
私…やっぱりもう少し頑張れたのかなあ
1年前 私は都内百貨店のアパレルショップで店長をしていました
顧客も多く
売り上げも絶好調な充実した日々

売上報
前年
比
103%
105%
よしっ
これで今月も前年同月比120%は堅いわね
エヘヘー
私の顧客さんがたくさん来てくれたお陰かな☆
それに比べて…
サイズがないか聞いてるのっ
今お調べします
もういいわ!
ちょっと!何やってるの!
びくっ
あんなご案内じゃお客様帰っちゃうじゃない
すみません…
だから顧客がつかないのよ!
このエリアは激戦区なのよ!自覚を持って!
あなたは私が言うとおりに動けばいいから!

このままいけば
半期の賞与
期待できそう☆
みんなの額も
上がるだろうな☆
女子
更衣室
みんなも
喜んでくれるよね
もうついて
いけなくない?
うちらは店長の
奴隷じゃ
ないっつーの
あたしなんて
目の前で
「使えない」って
言われた…
あいつの
勘違いした
仲間意識も嫌
言えてる
ここで働いて
楽しい人なんて
いないでしょ
あー 他の店で
働いている人達が
うらやましいな

キィ…
あっ…
にこっ
え…
お疲れ様 ですー
あ…うん
お先に 失礼 しますー
あれがきっかけ だったよな…
その後は
うまくみんなと 話せなくなって…
業務成績もどんどん落ちて 逃げるように 辞めてしまった…
あの頃の私って なんだったんだろう
私なりに 必死だったん だけどな…

トントン
カチャ
お茶でもどう？
もう1人いるから
紹介するよ
あ
はい…
その前に
お手洗いに…
ガチャ
ん？
！
ひっ!!
ぎゃー
いや
さっきは失礼

鍵をかける習慣がなくてな
大久保健司
会社員・単身赴任中
はあ…
私は単身赴任なんだが先週から入居してる
坂井さんは仕事は？
わ私は失業中でして…
弟夫婦に子どもができるというので追い出されまして…親戚のツテを頼ってここに
父
母
ああ大家のより子さんか
わふっ
より子さん(55)
と わんこ
はい
いい人ですよね。

いい歳してなんで仕事辞めたんだ？
え…
どうせイヤな上司と合わなかったとかそんなのだろ
ここは3人だけですか？
今のところはね
女性も含めてまだ何人か来るらしいけど
次の仕事の予定は？
少し落ち着いたら探そうかと…
それならいいアイデアがあるよ
え？

翌日
個別指導塾
藤崎ADL学館
無理ですって！
いきなり塾で教えるなんて
私 学生の頃バイトで個人指導をしたことがあるだけなんですよ？
スーツ似合うねー
大丈夫 受験生は僕が見るしフォローもするから
でも！
おはよーございまーす
ワー
ワー
バタ
バタ
なに？新しい先生？
うん よろしくな
英語の先生だって
えぇーっ英語ってきらーい

…こわいの？
！
なにがですか？
新しく生徒と関わることが
まさか…
ただあまりに急で…
自分に何が足りなかったのか少し考えたいと思ってたから…
先生さようなら〜
そうやって原因探しをしている間は悩みなんて本当に解決はしないと思うよ
今の自分を何かのせいにしたいんでしょ？
でもそうなるように選択したのは自分なんだって考えたことある？

例えば…勉強しないでゲームで遊ぶことを選択しておいて
悪い結果がでたら「テストが難しすぎた」とむくれる…でもそんな言い訳通ると思う？
テストなんかと一緒にしないでください！私の経験は…
同じだよ
未来のために今 行動しようとしなかったという点ではね
アドラーっていう心理学者がいるんだけど…
こんなようなことを言ってる
アルフレッド・アドラー 1870～1937
人は都合のよいように世の中を見て〝今の自分〟への不満を何かのせいにしたがっている「仕方がない」と思いたいからだ——
人は傷つかないまま人を傷つけないまま生きることはできない
人は必ず人と関わって生きているから——何かに逃げることはできないんだよ

…
じゃあ私はどうしたら…
強くなるしかない
だからそのために私は自分を分析して…
強くなるっていうのは自分を分解して考えることじゃない
自分を好きになることだ
自分を…？
今の自分を100％認めることができればどんなことがあったとしても
後悔したり落ち込んだりすることはなくなるはずだからね
勇気があり、自信があり、
リラックスしている人だけが、
人生の有利な面からだけでなく、
困難からも益を受けることができる。
そのような人は、決して恐れたりしない。
困難があることは知っているが、
それを克服できることも知っており、
…準備ができているからである。
――『個人心理学講義』p.16

自分を自分で認めるには自分は本当は何をしたがっているのかに気づかないと
「意識」と「無意識」という言葉を別の要素として使うことは正しくはない…。意識と無意識は同じ方向へと一緒に進んでいくのであり、しばしば信じられているように、矛盾するものではない。…両者の一致した動きの目的を発見することだけが重要なのである。
──『個人心理学講義』p.26──
人は誰しも無意識に何かを達成しようとして行動を選択する生き物だから
…何かって?
うーん まあ…
「こうなりたい」という気持ちかな
「自分が優れていると思いたい」「大切にされていると確認したい」みたいにね
仕事
恋人
それがうまくいかないと人は悩む
どうしよう
こうでもない
ああでもない
つまり悩みっていうのはすべて人間関係のつまづきなんだよ

人間関係がうまくいく
そのために
自分を好きになる
2つが叶えば
君の未来は
少し変わってくると
思うよ
今の自分を
好きになる…?
そんなこと…
がしっ
最近生徒が多くて
1人じゃ大変
だったんだー
だからそれを
このアルバイトで
練習しよう☆
ええー!?
個別指導
こうして私の
新しい生活は
始まりました

解説1　アドラー心理学の全体像

1870年にオーストリアで生まれたアドラーは、同時代のフロイトやユングと共に臨床心理学の基礎を築いたと評価されています。後半生はアメリカに渡って活躍し、独自の心理学の体系を作りあげました。現代のアドラー心理学はその理論として次の5つの前提を基本としています。

①目的論：人はまず目的を持ち、その方向に思考し、行動する
②全体論：人の意識、無意識、思考、行動は個人として一貫している
③社会統合論：人は社会に埋め込まれている社会的な存在である
④仮想論：人は自分、他者、周りの世界を自分が見たいように見ている
⑤個人の主体性：人は自分の人生を自分で決めることができる

この5つの基本前提は、私たちが学校で習ってきた自然科学の原理とはまったく違うものです。自然科学は、原因と結果に関する法則（因果律）によって成立しています。たとえば持っている物を放せば、重力が原因として働くことで、下に落ちるという結果（現象）が生じます。

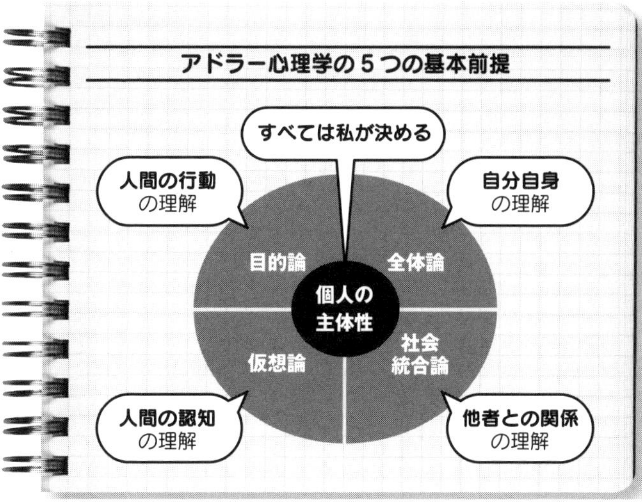

人間の行動を因果律で考えることをやめる

近代の技術や産業もこうした自然科学の因果律を土台に成立しているせいで、私たちは人間に関することも因果律で考えてしまいがちです。「なぜあの人は怒りっぽいのか」と考える時、「もともと怒りっぽい性格だから」とか「夫婦の関係がうまくいっていないから」のように原因を考えるわけです。

一方、アドラー心理学は「目的論」で考えます。怒っている人は、その人独自の目的を達成するために「怒る」行動をとっているのだと見るのです。これは自然科学とは、真っ向から対立する見方です。

つまり、アドラーは人間の思考や行動に関する新しい理論体系、いわば「人が生きることに関する科学」を提案したのです。それは、学校では教えられていない「人間の科学」なのです。

解説2 アドラー心理学はさまざまな人に影響を与えてきた

「心理学」は“psychology《サイコロジー》”の翻訳で、ギリシア語で「魂」を意味する“psyche《プシュケー》”から来ています。その源流は、古代ギリシアの哲学者アリストテレス（B・C・384－322）の著作『魂について』まで遡ると言われています。科学としての近代心理学が成立するのは、19世紀の後半。ドイツではヴィルヘルム・ヴント（1832－1920）、アメリカではウィリアム・ジェームズ（1842－1910）を中心に、その対象や方法論を広げながら発展していきます。

そうした中で、3つの批判的な勢力が現れます。第1の勢力は、ジークムント・フロイト（1856－1939）が打ち立てた「精神分析」の流れ。フロイトは「無意識」や「リビドー（性的エネルギー）」といった概念によって人間行動を説明しようとしました。このときフロイトと研究的交流があったのが、カール・ユング（1875－1961）とアルフレッド・アドラー（1870－1937）です。しかし、ユングはその後フロイトから独立し、またアドラーは当初からフロイトの考え方とは違うものでした。

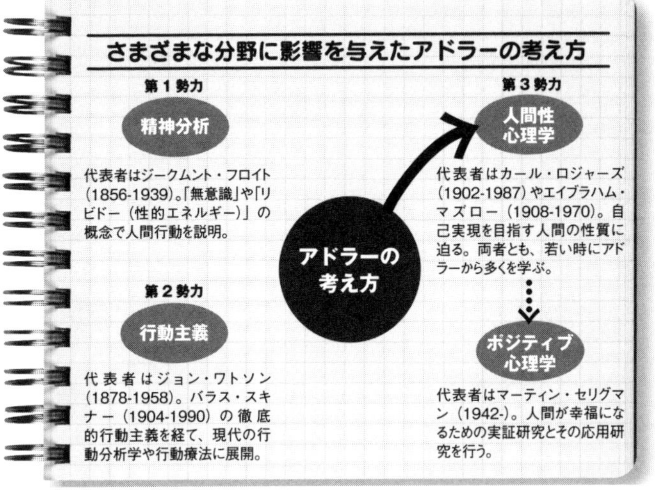
さまざまな分野に影響を与えたアドラーの考え方
第１勢力
精神分析
代表者はジークムント・フロイト（1856-1939）。「無意識」や「リビドー（性的エネルギー）」の概念で人間行動を説明。
第２勢力
行動主義
代表者はジョン・ワトソン（1878-1958）。バラス・スキナー（1904-1990）の徹底的行動主義を経て、現代の行動分析学や行動療法に展開。
アドラーの考え方
第３勢力
人間性心理学
代表者はカール・ロジャーズ（1902-1987）やエイブラハム・マズロー（1908-1970）。自己実現を目指す人間の性質に迫る。両者とも、若い時にアドラーから多くを学ぶ。
ポジティブ心理学
代表者はマーティン・セリグマン（1942-）。人間が幸福になるための実証研究とその応用研究を行う。

臨床心理学の基礎を築いたアドラー

第2の勢力は「行動主義」。これは現代の行動分析学や行動療法に展開していきます。一方、期待や信念といった媒介変数の考え方を取り入れることで認知心理学への道筋をつけ、現代の認知療法にもつながっています。

第3の勢力は「人間性心理学」。自己実現を目指す人間の性質を明らかにしようとし、後に「ポジティブ心理学」へと引き継がれていきました（上図）。

アドラーは心理学史の中では、心理療法や臨床心理学の基礎を築き、人間性心理学の源流となりました。しかし、彼の先進的な考え方はそれに留まらず、さまざまな人々に影響を与えました。

「共同採石場」としてのアドラー心理学

精神医学者のアンリ・エレンベルガーは著書『無意識の発見』の中で、アドラーについて次のように書いています。「彼（アドラー）の学説は、『共同採石場』みたいなもので、だれもがみな平気でそこからなにかを掘り出してくることができる。」

1927年にアドラーがアメリカで出版した『人間知の心理学』は、ミリオンセラーとなり多くの人に読まれました。それは人生の意味を考え、人が生きる上で役に立つ考え方が本の中に提示されていたからです。それは「自己啓発の源流」以上のものであったのです。

アドラーの理論は、心理学者のみならず広い領域で多くの人々と著作に影響を与えてきました。たとえアドラーという名前に言及されていなくても、そのアイデアの独自性が際立っているため、そうした著作は、読めばすぐに「これはアドラーの影響を受けている」とわかるでしょう。

アドラー自身、アドラー派が存在したことすら忘れられてしまうかもしれないけれども、それでもかまわないと言っています。「心理学の分野で働くすべての人が、私たちとともに学んだかのように、行動することになるだろうから」と。

Chapter1

自分の「変わりたい」気持ちを信じる

劣等感と補償、劣等コンプレックス

私たちが感じる「劣等感」を発見したのはアドラーだ。
アドラー心理学において劣等感は、誰もが抱く普通の感覚。
劣等感があるからこそ、人は
今日よりも明日、明日より明後日……と
よりよくなりたいという思いが生まれ、成長ができるのだ。

アルバイト後
あ〜 疲れた…
子どもの相手なんて何年ぶりだろう
早く次の仕事探さないと…
バサッ
Job maga
かけもちOKなシゴト大特集！
100YEN
うーん
パラ
パラ

明るい人
大募集
能力次第で昇
ガチャ
ただいま
今帰った
1人か？
あ
大久保さん
お帰り
…なさい
仕事探しか
まあいつまでも
サボっている
わけにもいかない
だろうからな
ぐさっ
ううっ

ただいま
?
今日はお疲れさま
どう?やっていけそう?
はあまあ…
でも…あんなにバタバタでよかったんですかね…?
ワイ
ワイ
あの子たちみんなを一緒に見るなんて私には…
難しそう?
そう思うなら麻衣ちゃんはいい先生になれるよ

さて何か食べようか
麻衣ちゃんもう食べた?
え…と…できないと言ったんですが…
…アルバイトなのに…
元々そこまで本気じゃなかった私です
個別指導塾
藤崎ADL学館
ねーせんせー
せんせー歳いくつ?
結婚してんの?
カレシは?
テレビ何見るのー?
こら勝君問題やって
えーだってわかんねーもん

そのための勉強でしょ みづきちゃんはちゃんとやってるよ
へー
そんなことよりさー
ワイワイ
ガヤガヤ
うー
バン
藤崎さん質問があります！
何？
なぜあんなにレベルの違う子を一緒に教えているんです？
どうしてって… 僕の方針だから
やる気のある子とない子の差が激しすぎます!!
ガサ
ガサ

学力だって
ずいぶん違うし
塾なのに
あんな一緒くたに
勉強を教えるなんて
やっぱり無理です
……
つまり
成績でクラスを
分けるべきだって
いうこと？
学習塾って
そういうもの
でしょう！
そうかな
僕はみんな
対等に扱うべき
だと思うけどね
成長したい意欲の
表現の仕方が
違うだけなんだから

わけがわか…
先生～
てててて…
先生これもう終わった!
次のドリルやりたい
おすごいね
でも無理はしなくていいんだよ
もう少し肩の力抜いてさ
アネーネー
ネー
ほらあの良い子と他の子を一緒にするなんて…
無理だなんて…
私なんて全然だもん
——え?
この子…
どうして?
だって全国模試で100番にも入れないし…

……
がんばって ないと不安？
そんなこと思って…
そう じゃあやろう
でも大変だとか やりたくないとか 思った時は 休んでもいいんだよ
それは 逃げたことには ならないから
われわれは皆、ある程度は、劣等感を持っている。向上したいと思う状況にいるからである。…劣等感を長く持ち続けることに我慢できる人は誰もいない。
――『人生の意味の心理学（上）』P.66――
……

この子――
私に似てる…
中学生の頃
私は人付き合いが
苦手な
静かな子
だった
本ばかり読んでいたら
孤立して
しまって
いて…
だから
高校からは積極的に
なろうとした
そうしていつしか
人よりも
リーダーシップがあるように
周りから評価されて
私自身も自分は
そういう人間だって
思い込んでた…

そっか…
私 不安だったんだ…
?
人が進歩するのは劣等感を克服しようと思うからだけど…
いつも戦ってばかりいたら疲れちゃうだろ？
たまにはサボってもいいんだよ 現実って過酷なこともあるから
ちょっと難しいね
例えば男の子が3人いて帰り道に強そうな犬がいる
1人は怖いから遠回りして帰り
1人は「怖くない」と自分に言い聞かせて横を抜け
1人は石を投げて犬を怒らせようとした…
正しいのは誰の行動かな？
わふっ

?
仲良くしないの?
うん 実はそれが正解だけど…誰もがすぐにそうできるわけじゃない
「怖いから今日は遠回りしよう」という日があってもいいってこと
「仲良くしたい」と思っていればいつかきっと仲良くなれる日が来るから
まとにかく一緒にやっていこう
わしゃっ

誰でもみんな自分の足りないところを埋め合わせようとしているんだ
頑張るあまりそれが突出して強みにまでなる人もいるけど…
自分の不安って自分でもなかなか気づかない時があるよね
君はふざけてばかりの生徒にイライラすると言ったけど
その子だって自分に足りないと感じているものをどうにかして補おうとしているんだよ
〝怖い犬〟と折り合うために…ですか…?

自分を大きく見せようとして背伸びしてるのさ
方法は不可解に見えるけど
？
例えば僕が急にはしごに登って授業を始めたらどう思う？
え…「この人大丈夫かな」とか？
でも「この先生は人に見下されたくないんだ」とわかればどう？
行動の目的は理解できるよね？
ズキ
手段は必ずしも適切じゃなくても

「どの子も同じ」って僕が言うのはそういうこと
みんな自分の劣等感を乗り越えて「自分はすごいんだ!」って自分で自分を認めたいだけなんだよ
もちろん自分に何が足りないと思うのかは個人によって違うけれど
優越感を求めるために誤った方向に進んだ人をどのように援助することができるだろうか。優越性の追求が誰にでもあるということを認めれば困難なことではない。その時、われわれは、彼〔女〕らの立場に身を置き、彼〔女〕らの闘いに共感できる。
——『人生の意味の心理学（上）』P.87——
私のやり方は…どうだったんだろう…
私の劣等感の克服の仕方は正しかったの?

翌日
はい じゃあ この問題 やってみよう
コツン
でへ～
また…
もう！
いや これって もしかして
…この子なりに自分を見てほしいってことか
あれ？ 1問で終わり？
どうせ わかんない もん
勝君が最後まで頑張ったら先生嬉しいな☆

やりたくない時は
休んでも
いいんだよ――
劣等感の正しい乗り越え方か…
本当に私に向いてたのって前の仕事じゃないのかも…

解説1　アドラーが発見した「劣等感」とは？

小学校に入るとみんなでかけっこをしますね。その時に、足の速い人と遅い人がいるということがわかります。このように私たちは生まれてから、さまざまな場面で自分の客観的な「劣等性」というものを確認します。この時に生じる感覚をアドラーは「劣等感」と呼びました。

人はもともと「優れた自分になりたい」という目的を持っています。その理想状態（プラス）から見れば、今の自分は必ず劣った存在（マイナス）です。それを劣等感として感じるわけです。そして、より優れた自分になるために努力をします。この行動は、劣等感を「補償」しているのだととらえることができます。

劣等感を抱くのは普通のこと

こうしてみると劣等感を感じるということはごく普通のことだとわかります。どんな人でもすべての領域でパーフェクトな人はいません。誰でもどこかで自分の足りなさを感じているのです。

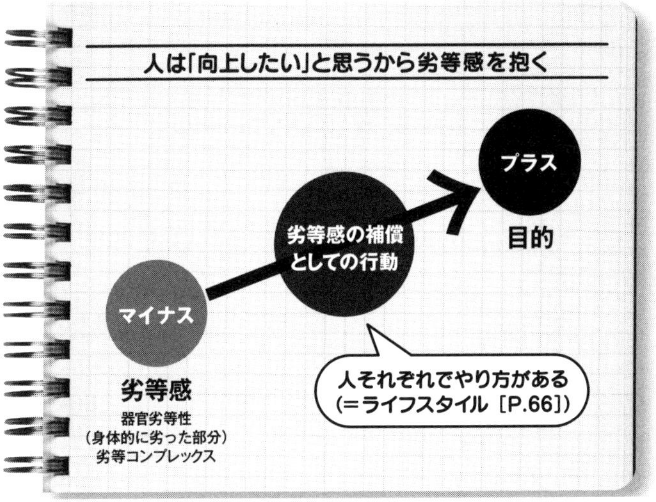
人は「向上したい」と思うから劣等感を抱く
プラス
劣等感の補償
としての行動
目的
マイナス
人それぞれでやり方がある
(＝ライフスタイル［P.66］)
劣等感
器官劣等性
(身体的に劣った部分)
劣等コンプレックス

そして社会全体としてみれば、自分の足りなさを補い合うために他の人たちと協力しあっているのです。

このように劣等感は誰もが普通に抱く感情です。しかし、その感情にこだわり、いろいろな理屈をつけ、自分の中で「実体化」してしまうと「劣等コンプレックス」になります。例えば「私はもともと頭が悪いので勉強ができないんです」と言うことによって、勉強という当面の課題を避けるために、劣等コンプレックスを利用することができます。

人は向上したいと思うので劣等感が生じます。そして努力することによってそれを補償しようとします。その行動の仕方は人によってさまざまです。しかし、どんな人でもプラスの方向を目指しているのです。

解説2 どうしたら劣等感を克服できるのか

劣等感は誰もが普通に持つ「感じ」です。誰しも無力な者として生まれ、成長し独立するまで何年も周りに助けてもらうことが必要です。ですから劣等感を持つことで悩む必要はないのです。とはいえ、誰しも「なぜ努力しても成長しないのか」と才能のなさを嘆いたり、「なぜあの人のようにできないのか」と嫉妬に苛《さいな》まれることもあります。こうした感情や悩みを解決するには「劣等感の捉え方」が鍵。劣等感を努力で補償しようとする時、2つの考え方があります。

共同体の成長のために努力して、劣等感を乗り越える

1つめは「優越への努力」。もし「私はあの人にはかなわない。悔しい」というような競争心や嫉妬心を感じて、それを克服すべく努力するのであれば、それは個人的な利益のために「優越への努力」をしていることになります。

2つめは「完全への努力」。もし「この人たちに自分が役立てるとしたら何ができるだろうか」

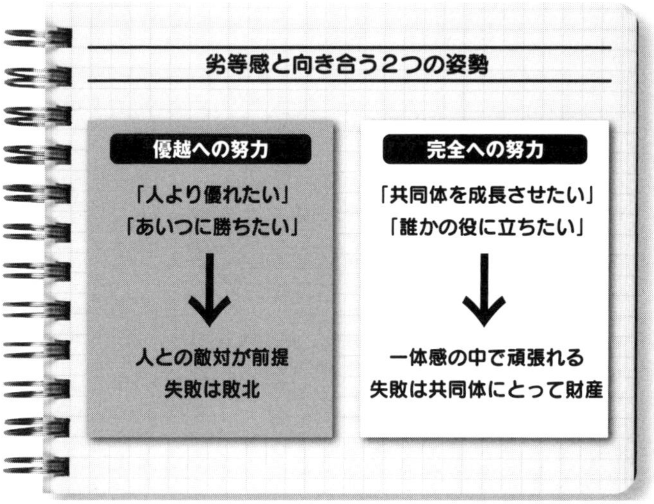
劣等感と向き合う2つの姿勢
優越への努力
「人より優れたい」
「あいつに勝ちたい」
人との敵対が前提
失敗は敗北
完全への努力
「共同体を成長させたい」
「誰かの役に立ちたい」
一体感の中で頑張れる
失敗は共同体にとって財産

と考えて努力するなら、自分を含む何らかの共同体のために「完全への努力」をしていることになります。

「優越への努力」は、他人より優れようとする個人的利益の追求なので、他者と敵対する原因となります。一方、「完全への努力」は、他者と一体になって努力しているという感覚を生みます。

「失敗」に関して言えば、「優越への努力」では、失敗は自分自身の敗北を意味します。一方、「完全への努力」においては、失敗は努力のワンステップです。それは勇気を持って挑戦した証だからです。

現実の努力は、優越への努力と完全への努力の双方が入り交じったものになるでしょう。それでも、自分の劣等感をどう捉えるか考えてみることは、悩みを解消するためのヒントになるでしょう。

人はまず目的を持ち、そのために行動する：目的論

私たちがある人の行動について「どうしてこの人はこんなふうに考え、行動するのだろうか？」と疑問を持ち、それを理解しようとする時、２つの見方があります。

１つは、「この人は過去にこんな経験があって、こんなふうに育ってきたので、今このように行動するのだ」という見方です。いわば「その人の過去が現在を決定する」という見方で、これを「原因論」と呼びます。

もう１つは、「この人はこういう目的があって、その目的に向かっているので、今このように行動するのだ」という見方です。これは「その人が向かおうとする目的が現在を決定する」という見方で、これを「目的論（teleology）」と呼びます。

アドラーは次のように言って、目的論を採用することが人間を理解するために必要であることを主張しました。「もっとも重要な問いは、『どこから』ではなく『どこへ』である」。

あなたも周りの人の行動について目的論的に考えてみると、「ああ、この人はこんな目的を目指して行動しているんだな」と、理解できることがあるかもしれません。

Chapter2

人には人の数だけ生き方がある

ライフスタイルを知る

人の生き方や個性は、
困難を乗りこえようとする時にこそ現れる。
アドラーはそれを「ライフスタイル」と呼び、
そこにその人が独自に培ってきた
生きる動きが現れるとした。
人はみな、ひたすら精一杯生きているのだ。

荘に新しい仲間が来ました
近くの大学に通ってるそうよ前のアパートは取り壊しだって
仲良くしてあげてね
NUMBER 18
七瀬海斗《かいと》
大学生（ラグビー部）
より子さん（大家）
よ よろしくお願いします…
海斗君か
アイドルみたいな名前ですね
体は大きいのに
?
す すいません…
もう1人来るはずなんだけど…
ピンポーン

はーい
ガチャ
りょーさん ありがとね バイバーイ
また お店で～☆
やあ
どうも～ こんにちはー
チカ チカ
いらっしゃい
中野美幸
キャバクラ嬢
学生さん？ かわいい～ よろしくね
は はい！ こちらこそ…っ

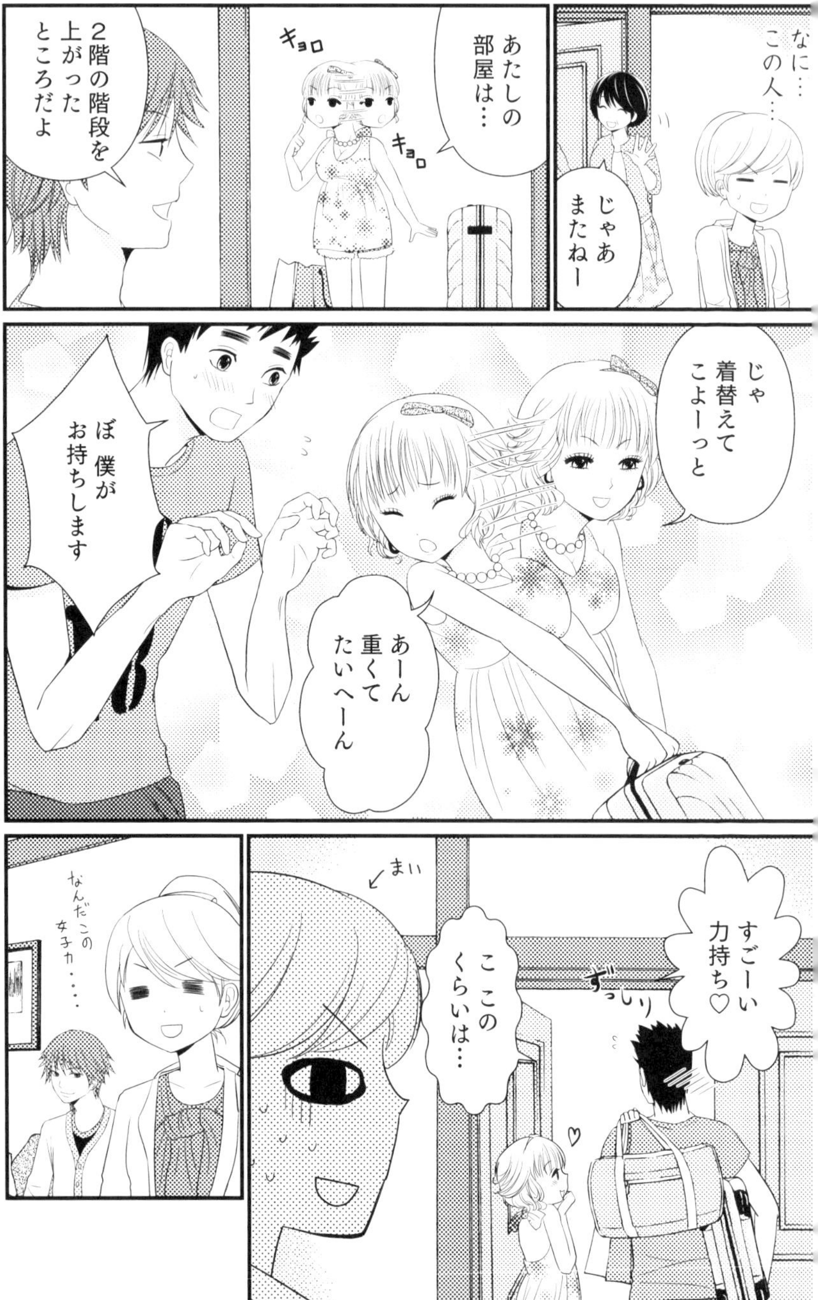
なに…
この人…
じゃあ
またねー
キョロ
キョロ
あたしの
部屋は…
2階の
階段を
上がった
ところだよ
じゃ
着替えて
こよーっと
あーん
重くて
たいへーん
ぼ 僕が
お持ちします
すごーい
力持ち♡
ずっしり
こ この
くらいは…
まい
なんだこの
女子力……

その夜
住民票の移動がまだ？
なんかよくわかんなくて…
健康保険も届けないとってお客さんに言われてぇ
お客さん？
ぴとっ♡
なんだ簡単なのに
え～すごぉい
だ 代理人でも届けはできる。やっといてやろうか？
コホン
ハンコが必要だが…
あん♡うれしい～
ちょっと飲み物…
ガタッ
ザー
なにあれ!?
女を利用するんじゃないわよ
苦手？ああいうタイプ
僕にも水ちょうだい
ス…
別に…ただ私はああいう性格にはなりたくないだけ
それって…単に坂の上り方は人それぞれってだけじゃない？

?
また唐突な…
ぜぃ
ぜぃ
この荘までに大きな坂があるだろう？
同じ上るにも荷物を全部自力で運ぶ人もいれば誰かに平気でお願いしちゃう人もいる
…この間の現実との折り合い方の話ですか？
まぁ…ね 人生って基本的に思い通りにはいかないものだから
その困難を克服するやり方は人それぞれだよ
パターン化されるとそれがその人の性格に〝見える〟ことがある アドラーはそれを「ライフスタイル」なんて呼んだけど…
じゃああんな周りを利用する生き方も一つの知恵だと？
少なくとも僕は
誰がどういう行動を選択しようがそれを理由にその人を拒絶しようとは思わない…かな
お仕事行ってきまーす☆
夜道気を付けてね

翌日
個別指導塾
藤崎ADL学館
忙しい中、面接にお越し下さい
検討を重ねました結果、誠に遺憾ではこ
度は、採用を見送らせていただくこととなりまし
に沿いかねる結果となり、誠に申し訳ございません。
からずご了承賜れれば幸甚です。
坂井様の今後のご活躍をお祈り申し上げ
敬具
やっぱりだめか…
面接で
タフなんで激務OK。
ガンガン売ります!!
ってできない…
最近私迷いがあるし…本当の私に向いている仕事か…
この歳になってまた自己分析をすることになるとは…
あ…

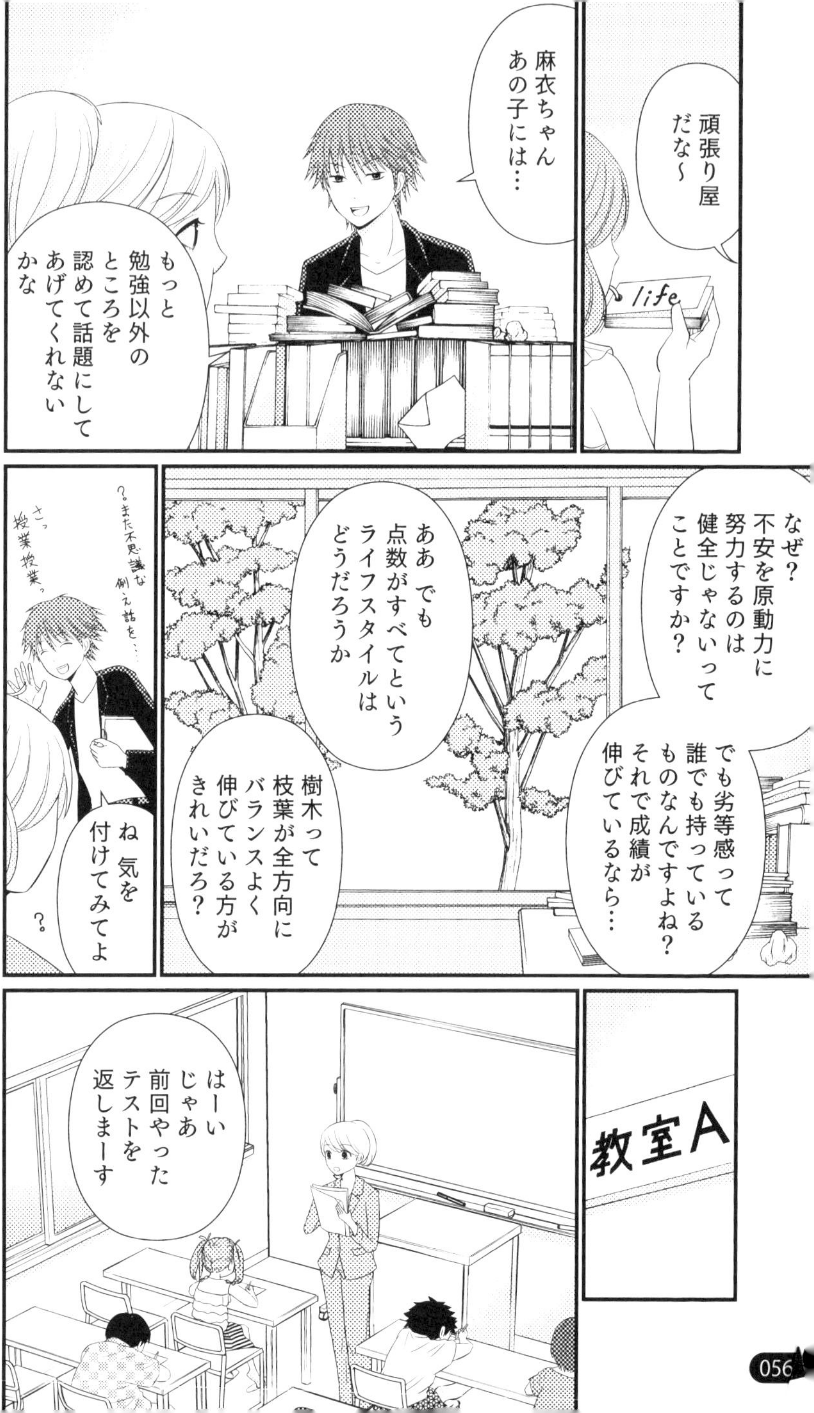
頑張り屋だな～
life
麻衣ちゃんあの子には…
もっと勉強以外のところを認めて話題にしてあげてくれないかな
なぜ？不安を原動力に努力するのは健全じゃないってことですか？
でも劣等感って誰でも持っているものなんですよね？それで成績が伸びているなら…
ああ でも点数がすべてというライフスタイルはどうだろうか
樹木って枝葉が全方向にバランスよく伸びている方がきれいだろ？
ね 気を付けてみてよ
？
？。また不思議な例え話を…
さっ 授業授業っ
教室A
はーい じゃあ前回やったテストを返しまーす

岡谷さん
中野君
茅野さん
すごいね
また90点だよ
・・
また90点…
100点以外は
認めないって
ママが…
これじゃダメだ…
みづきちゃん
頑張ってると
思うけどなぁ
フル
フル
先生 私
どうしたら
もっと単語を
覚えられる
ようになるかな？
今は覚えた単語を
使えるようにする
練習をしたほうが
いいと思うよ？

もっと勉強以外のところを認めてあげて
そういえば前から思ってたんだけど…
その髪の結び方かわいいよね自分でやってるの?
えっ…
ううん
今日はけっこううまくできたんだ
へー今度私もやってもらおうかな
まあ…時間があるときならね
かわいい照れてる

──翌朝
チュン
チュン
気が付いた？
日当たりによって育ち方が違うっていうこと
どちらも同じコブシなんだけど…
あっちは塀で影になるから葉が上のほうにしかついてない
それに比べて
こっちの木は全体に日が当たるからバランスよく枝が伸びてる

もし「どっちの木が偉いと思う?」って僕が聞いたら君は何て答える?
どっちも日光をたくさん浴びようとしてこうなっただけでしょう?
どっちが上とか正しいとかそんなのないんじゃないですか?
なるほどでもこっちの木を人は「堂々として立派」と言い
向こうの木を人は「ひょろ長くて貧相」と言う
人間と性格の関係も結局同じことだと僕は思うんだよね
どんな人のどんなあり方もただ幸せを求めて成長した姿に過ぎないから…

…でも人間の場合は…
幸せの基準は人それぞれでしょう？
いいやアドラーにとって幸せとは一つ
簡単に言えば皆に認められ自分で自分を認められること
人それぞれなのはその幸せを手に入れるために何をするべきだと感じているかさ
その思考回路は幼少期に自然と形成されるとされている
子どもには人生は特に困難で——
それでも与えられた環境の中で自分がいかに優れた存在であるかを周りに必死に知らしめようとするからだ
劣等感、不確かであること、不完全であることは人生において目標を設定することを強い、それを形作るのを助ける。…劣等感に影響されて発達するこの努力は、子どもに、まわりの人に優れているように見せるという目標を設定させる。
——『人間知の心理学』p.79——
「いかに自分が注目に値する存在であるか」を知らしめようと努力しているんだね
子どもは言葉が不十分だから特に行動に現れるそれを人は〃性格〃と見なすんだ

だけど例えば反政府ゲリラの村に育った子どもが周りに認められるために銃を取ったら
その子を責めるべきだろうか？
子どもは経験を咀嚼《そしゃく》して自分で意味付けることができない
ただ反応するだけさこの木が生まれた場所で必死に光を求めるようにね
ただ必死に反応するだけ…
みづきちゃんは親が教育熱心で100点じゃないと褒めてもらえないんだ
なら僕たちは別の角度から彼女に光を当ててあげないと
あの時からだ…
私は3歳まで家族の中心だったでも弟が生まれその玉座を奪われた
勉強も必死に頑張ったのは
両親の注目をまた浴びたかったから…
私が数字に執着していたのは親に振り向いて欲しかったことの名残り…
売上報告
前年比
比
112
103%
118
105%

君は美幸ちゃんを苦手だと言ったよね
はっ
これは一つの仮説だけど…
父親が厳しかったせいでかえって彼女は男性に対して自分の影響力を確かめる行動をとるようになったのかもしれないよ
「誰でも必死にその環境で認められようとしているだけ」
そう考えると
自分をそして人をもう少し許せるようになると思わないかい？

人生は目標を達成しようとすること、
あるいはそれに具体的な形を与えようとすることである。
そして、具体的な形を達成することへと向けて人を動かすのは、優越性の追求である。
――『個人心理学講義』p.41――

自分を…許す――？
ふあー
おはよー
ございます
ぅ～
わっ
ほとんど
裸だね////
あ
お おはよう

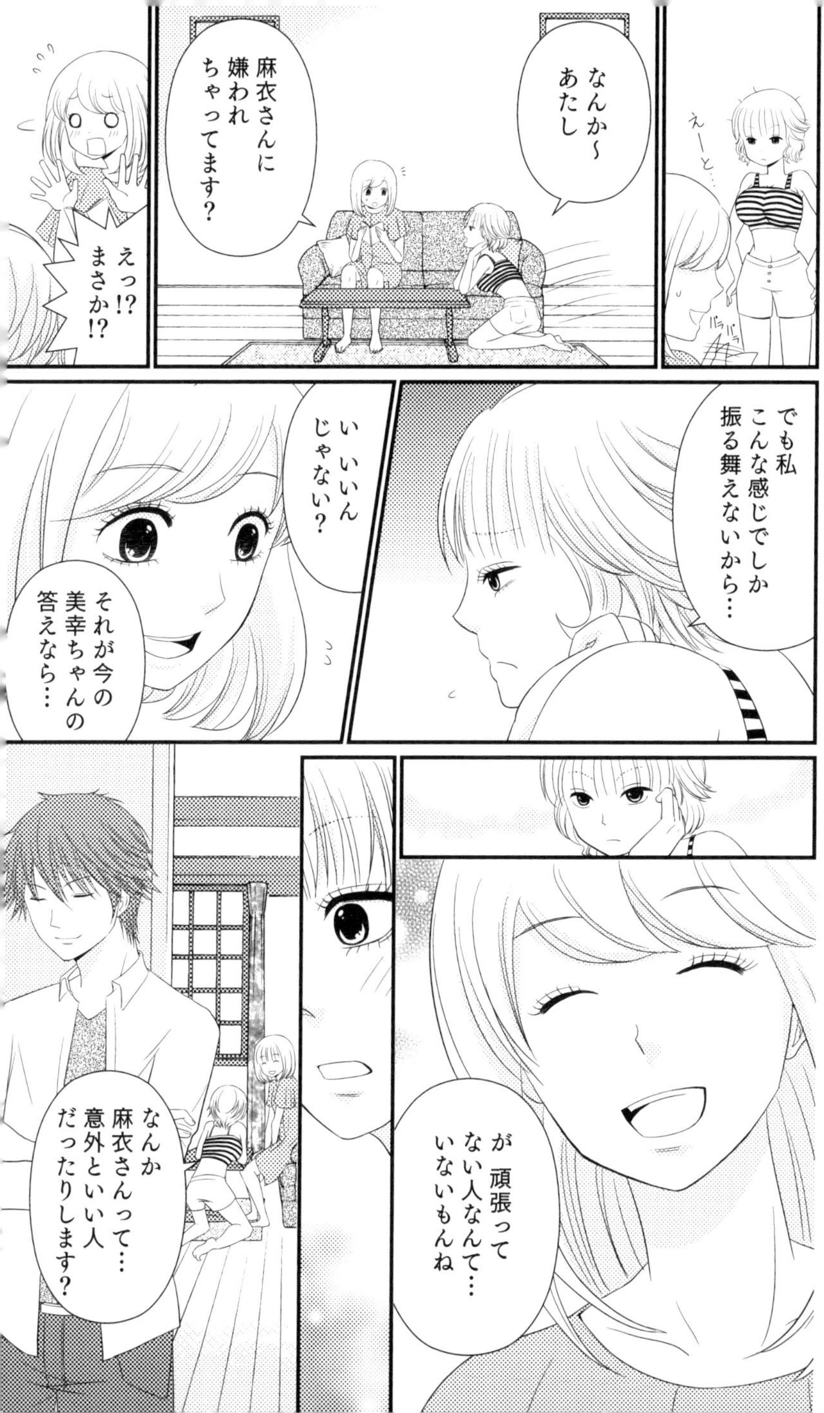
えーと…
なんか～ あたし
麻衣さんに 嫌われ ちゃってます？
えっ!? まさか!?
でも私 こんな感じでしか 振る舞えないから…
い いいん じゃない？
それが今の 美幸ちゃんの 答えなら…
が 頑張って ない人なんて… いないもんね
なんか 麻衣さんって… 意外といい人 だったりします？

解説1 ― あなたの考えと行動を決めるのはあなた個人という全体

私たちはいつでもより良い存在になろうと目的を持ち、それを目指して行動します。しかし、その行動の仕方は人それぞれに個性的なものです。アドラーは、その人それぞれの目標の設定とその達成の仕方を「ライフスタイル」と呼びました。

ライフスタイルは、生まれてすぐに形成し始めますので、本人にとってはまったく自然なことで、取り立てて意識することはありません。しかし、何か思い通りにならないことやトラブルが起こると、それを解決する時にその人のライフスタイルが現れてきます。ライフスタイルにしたがって、考えや行動を決めていくのです。

この時、その人の考えや行動を決めていくのは、他でもない「その人個人」。では、「その人個人」とは、その人のどの部分なのでしょうか。「心」でしょうか。心であれば、そのうちの「無意識」でしょうか、「意識」でしょうか。意識であれば、「理性」なのでしょうか、「感情」なのでしょうか。あるいは、心ではなくて、その人の「身体」だと言う人もいるかもしれません。

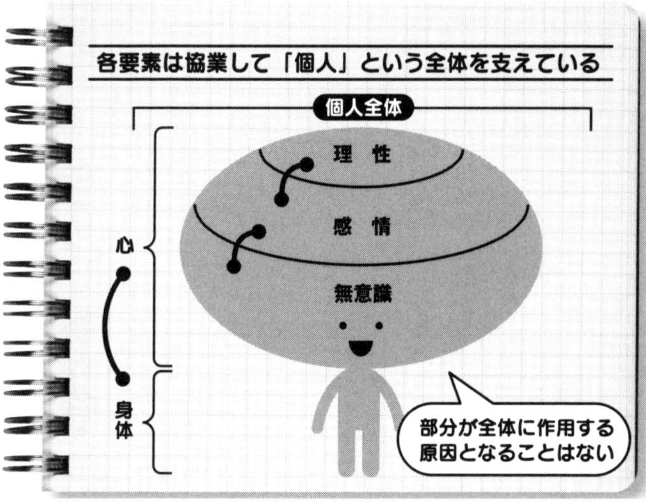
各要素は協業して「個人」という全体を支えている
個人全体
理性
感情
無意識
心
身体
部分が全体に作用する
原因となることはない

人を「要素」に分解して考えない

このように、個人全体を部分に分けることには、それなりの意味があります。例えば「心ではそう思っていなかったのに身体がそう動いてしまった」「感情の爆発を理性で抑えきれなかった」「知らないうちにそう行動してしまったのは無意識のせいかなあ」というように、個人全体を部分に分けて考えると、納得しやすく、うまい言い訳にもなるからです。

この考え方を「要素論」と呼びます。これに対して、アドラー心理学では要素論を採用しません。その代わりに「全体論」を採用します。全体論とは、意識と無意識も、理性と感情も、心と身体も、お互いに対立しないで、分業し協力し合っているという考え方です。そして、あなたの考え方と行動を決めているのは「全体としてのあなた個人」なのです。

解説2　アドラー心理学は「使用の心理学」

全体論を自動車に例えて考えてみましょう。自動車は、エンジン、ブレーキ、ハンドル、ウインカー…のように、さまざまな役割を持つ部分から構成されています。それぞれの部分はお互いに協力し合って、最終的には「目標地点に移動する」という目的を達成しようとしています。

この自動車の動きを最終的に決めているのは「運転者」です。人間の話に戻せば、その人の行動を最終的に決めているのは「個人」ということです。つまり、個人が、意識と無意識、理性と感情、心と身体を使って全体の行動を決めているわけです。これを「使用の心理学」と呼びます。

「使用の心理学」に対立する考え方は「所有の心理学」です。これは、「私の中の一部分が、私全体を所有している」という考え方です。所有の心理学は、ある意味で便利な考え方です。なぜかといえば、自分の行動を、無意識や感情のせいにしてしまえるからです。「あの時は、無意識や感情が自分を支配していたので、本当の自分ではなかった」と言い訳をすることによって、自分の責任を逃れることができるからです。

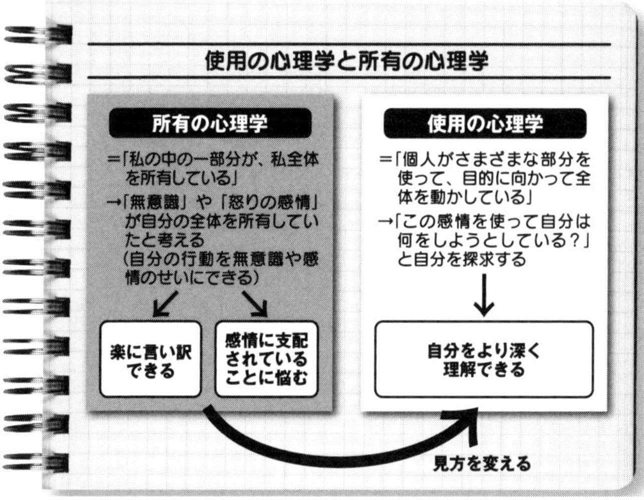
使用の心理学と所有の心理学
所有の心理学
＝「私の中の一部分が、私全体を所有している」
→「無意識」や「怒りの感情」が自分の全体を所有していたと考える
（自分の行動を無意識や感情のせいにできる）
楽に言い訳できる
感情に支配されていることに悩む
使用の心理学
＝「個人がさまざまな部分を使って、目的に向かって全体を動かしている」
→「この感情を使って自分は何をしようとしている？」と自分を探求する
自分をより深く理解できる
見方を変える

無意識も感情も使うのは「私」という個人

しかし、よく考えてみれば、無意識も感情も自分全体の一部分なのですね。無意識を使うのも、感情を使うのも「私個人」以外にはありえないのです。

無意識や感情を使って、何かをなしとげようとしているのは「私個人」です。これが、アドラー心理学が「使用の心理学」であると呼ばれることの意味です。

もし、あなたが、怒りや後悔や嫉妬といった感情に支配されて、それがつらいのであれば、こうした感情が私を翻弄しているという「所有の心理学」の考え方をしているからかもしれません。とすれば、「私個人はこの感情を使って、いったい何を目指しているのだろうか」と考えることで、感情に支配されることから抜け出すことができるかもしれません。

個人としての全体が心身を動かしている：全体論

一度木から枝を切ってしまうと、その枝は元に戻せません。生きているものはこのように部分（枝）が全体（木）に統合されて、全体として成長していくものです。この見方を「有機体論」と呼びます。有機体論は、生きているものはその一部だけを部分として分解することができないという意味で全体論の考え方です。

この考え方を人間に当てはめてみれば、無意識だけ、感情だけ、心だけを、その人全体から取りだして考えることには、意味がないことがわかるでしょう。これらすべてが身体と共同することによって全体として活動し、成長しているからです。

それでは一個の人間全体を統率しているものは何かと言えば、それは仮想的に「個人（individual）」と呼んでいるものです。その個人が、あなたの心身を使って、あなたの目的のために、あなたの人生を決めていると考えるのです。アドラー自身は、自分の心理学を「個人心理学（individual psychology）」と呼びました。その「個人（individual）」とは「分割できない」というのが語源上の意味です。分割できない個人が、その人全体を動かしているという全体論の立場を明示したのが、個人心理学という名称なのです。

Chapter3

人に「変われない部分」などない

トラウマを捨てる

アドラーはフロイトの提唱した「トラウマ」を否定した。
トラウマがまるで実在するかのように考えれば、
直面する課題を避けて通れるから
人はトラウマを持ち出すのにのにすぎない、としたのだ。
アドラーは言う。
「変えられない過去ではなく、これからを変えよう」と。

…はぁ
保護者ヅラ
しないでくれる？
──そういうつもりでは
なかったんだがな…
おい
この書類
作ったのは誰だ？
ピシッ
この費目では
先方で見積もり
通らないって
教えただろう
ピシッ

は はい 私です
また 君か！
3度目だぞ？ 覚える気 あるのか？
ちょい ちょい
ん？
部長 何でしょう？
いや… うん ちょっと
大久保君 熱心なのは いいんだが…
もう少し 若い子には やさしく頼むよ
仕事が滞って 迷惑するのは こっちなんです がね
それは わからんでも ないが…
彼ら 君を 必要以上に 恐れているぞ 信頼関係も 作りにくいんじゃ ないか？
仕事が回れば 問題ないのでは？

とにかく頼むよ
従業員満足度も
大事なこと
なんだ
反発されては
生産性も
落ちてしまう
しかし…
君に意見
できる者はいい
だがそんな子
いないだろう?
言われたほうの
ことも
少し考えて
やってくれ
あの
これで…
どうでしょう?
……
ほっ
ああ

今朝――
でさ 今週 給料が 減らされそう なんだ～
そんなに 変わるの？
…今 帰って きたのか？
アフターの お客さんと カラオケ 行って～
5分遅刻で 罰金とか ありえなく ない？
それは…
そりゃ 時間厳守は 仕事の基本 だからなぁ
ジロッ
？

――それでムカツク客がいてさ
ボーイに「付きたくない」って言ってるのに指名してくるんだよね～
フイッ
それをどうさばくかが君の仕事だろ？
大体なんでまたキャバクラの仕事なんて…
うるさいなぁ！
関係ないでしょ？保護者ヅラしないでくれる？

ただいま
きゃー かわいい☆
ペロ
ねーっ かわいいね
お帰りなさい
ぶちゃ〜〜〜
その犬は…？
はふ
はふっ
与太郎です
より子さんが海外旅行の間預かってって
与太郎…
すごい名前だな…
ああの こっちに向けないでくれます？
えっ？もしかして犬苦手？
ぶぃ
子どもの頃噛まれたことがありまして…トラウマが…
え〜うそ〜
ひぃ〜っ
やめて…っ

ちらっ
ぶ…
フイッ
ぶぅ
カタン
ペロ
少し飲みますか？
いや軽く飲んで来たんだ
じゃあ水を持って来ます
悪いな

ゴリゴリ
コトン
これ…
ん…
彼女に渡しておいてくれ住民票と健康保険
移しておいたから
しかし私は…
いつからこうなってしまったんだろうな

今朝 彼女に「保護者ヅラするな」と言われてな
娘のことを思い出した 中学2年の時だったか…
夜 帰りが遅くなった時にきつく叱ったら
「こんな時だけ親の顔をするな」と言われて… それっきりだ
今でも会話がないってことですか？
…ああ 若い人とうまく距離が取れないのは そのせいかもしれん
わかってはいるんだが…
それでつい一方的な口ぶりで会話を拒否してしまうというわけですか

トラウマというのは大げさかもしれんが…
私は案外娘の言葉に傷ついていたらしい
だがこの歳で無理に若者に合わせるというのもな…
じゃあ「若い人とうまくやるのは難しい」
そういう仮説でこれからも生きていくわけですね？
私にとってそれが現実だよ
どっちでも同じじゃないですか？
？
例えば…足元に縄があっても
それを大久保さんが毒蛇だと思い込んでいれば
事実がどちらでも「怖い」という気持ちは一緒ですよね
…つまり私がどう思うかが問題ということか？

真相がどうあれ驚いて跳びすさるという行動は変わりませんから
1人での留守番が怖い子は家に残されて「泥棒が来ないだろうか」と不安がる
その気持ちは泥棒が隠れていようがいまいが同じなんです
……
人はみな人生について自分が持っている仮説が正しいことを強化する理由を常に探して生きていると言います
例えば「人は信じられない」と仮定している人はさまざまな体験の中から嫌な出来事だけを取り出して
「やっぱり人は信じられない」と仮説を強化し――
あたかも人は信用できないかのように振る舞う
本当は人を信じて嬉しかったこともたくさんあるはずなのにそれはあえて見ないわけです
誰も助けてくれない…やっぱり都会は冷たい…

人は「事実」によってではなく、事実についての考え（意味づけ）によって影響を受けることは、明らかである。
…かくて、誰もが自分自身と人生の課題についての「考え」――人生の線、運動法則――を持っているという結論に到達する。
――『生きる意味を求めて』p.21～22――

つまり
「若い人は付き合いづらい」と仮定しているから若い人が付き合いづらく見えるわけか
だがこの歳になってそう簡単に自分を変えることはできんよ
それは「自分は変わらない」という選択をしているだけでは？
娘さんの言葉を苦い経験と位置づけたのは大久保さん自身でしょう？
くっ
…手厳しいな
人間の行動は「有用性」で成り立っているそうですからね
性格の根にあるのは「こう振る舞ったほうが自分にとって生きる上で役に立つ」という学習の積み重ねなんです

人に対して支配的に振る舞う人は
そのほうが生きる上で便利だからそうしているんです
まあ…確かに気を使わなくてすむかもな
そこで新しい仮説を立ててその有用性を検証していくんです
例えば「若い人と触れ合うと新しいことを学べる」と仮定してそのとおりに行動してみるとか
それは…ちょっと勇気がいるな
認めるんですよ自分が不完全であることを
そうすれば失敗してもいいんだ…と思えるでしょう?
間違いを指摘されても受け入れることができるこれがアドラーの言う勇気の出し方です

不完全な自分を…
いかなる経験も、それ自体では成功の原因でも失敗の原因でもない。
くん
くん
ぶ…
われわれは自分の経験によるショック――いわゆるトラウマ――に苦しむのではなく、
経験の中から目的に適うものを見つけ出す。

自分の経験によって
決定されるのではなく、
経験に与える意味によって、
自らを決定するのである。
そこで、特定の経験を
将来の人生のための基礎と考える時、
おそらく、何らかの過ちを
しているのである。
意味は状況によって
決定されるのではない。
われわれが状況に
与える意味によって、
自らを決定するのである。
——『人生の意味の心理学（上）』p.21——
世界全体の中から1人の人間が経験できることなんてほんのわずかですからね
その氷山の一角で全体を想像して多くの人が自分の人生の意味を決めてしまっている

僕が言うのもなんですが…
大久保さんにもまだ見つかっていない人生の可能性がきっとあると思いますよ
生き方の…
新しい可能性か…

解説1 ―― 自分と世界についての仮想的な信念

私たちは、「世界はどういうところであるか」ということと、「自分はどういう人か」ということについての考えを持っています。例えば、「世界は危ないところで、自分は弱い」と思っていれば、「周りの人は私を助けるべきだ」という考えに至ります。

しかし、この考えはあくまでも〝考え〟であって、〝事実〟ではありません。言ってみれば「仮想的な信念」というものです。それは、その人が信じ込んでいるにすぎない「世界像」や「自己像」ということなのです。そして、誰からも指摘されることなく、そうした仮想的な信念という「メガネ」をかけて人生を送っているのです。

人は「世界は○○だ」という自説を強化したがっている

日々の生活の中でさまざまな出来事が起こります。問題は、そうした出来事そのものではなく、私たちがその出来事に対してどのような「意味づけ」を行うかだと、アドラーは言います。

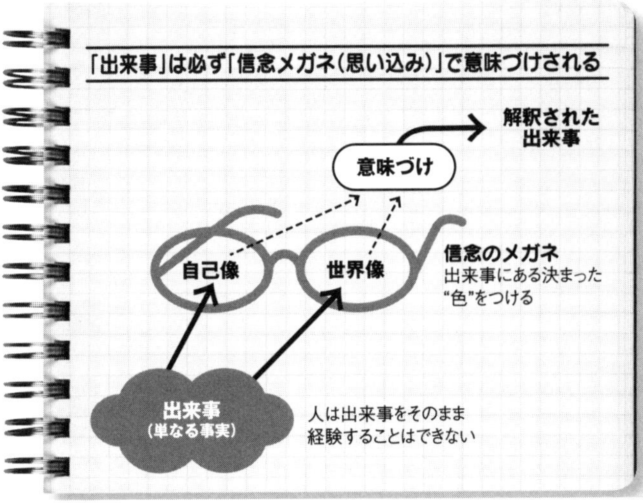
「出来事」は必ず「信念メガネ（思い込み）」で意味づけされる
解釈された
出来事
意味づけ
自己像
世界像
信念のメガネ
出来事にある決まった
“色”をつける
出来事
（単なる事実）
人は出来事をそのまま
経験することはできない

例えば、自分が担当した仕事の不備を誰かに指摘されたとしましょう。事実は「不備を指摘された」というだけです。しかし、「自分は失敗しやすい」という自己像と、「周りの人は意地悪だ」という世界像からなるメガネをかけていれば、「最初から周りの人が手伝ってくれれば失敗しなくてすんだのに！　自分はもうやっていけない」という「意味づけ」をしてしまうでしょう。さらに、その意味づけに従って、ふてくされたり、周りの人に不満をぶちまけるかもしれません。その結果は、自分の「信念メガネ」をさらに強めることになるでしょう。

　このようにして、「信念メガネ」は、今自分が持っている信念を強める方向へと作用します。つまり、このメガネは自分の経験への意味づけで偏り、膨らんでしまったものなのです。

解説2 「トラウマ」を使って自分を欺くことができる

今では「トラウマ（心的外傷）」という用語が一般化されて、「初めてのデートで失敗してしまって、それがトラウマになっている」のように、誰もが気軽な意味合いで使っています。しかし、「信念メガネ」の理論で言えば、その出来事を「トラウマ」として意味づけているのは自分自身。その出来事を「失敗」と意味づけているのも自分です。

このように「トラウマがあってできない」と考えることは、言い訳を自分に提供できるので役に立ちます。これを「自己欺瞞（＝自分自身を欺くこと）」と呼びます。一度、自己欺瞞のパターンを使うと、直面している課題を避けるのに便利なことがわかります。なぜ課題を避けたいかと言うと、課題に挑戦することで自分が「無能」なことが明らかになるのが怖いから。なぜ「無能」が明らかになるのが怖いかと言うと、人間は常に有能であることを目指しているからです。

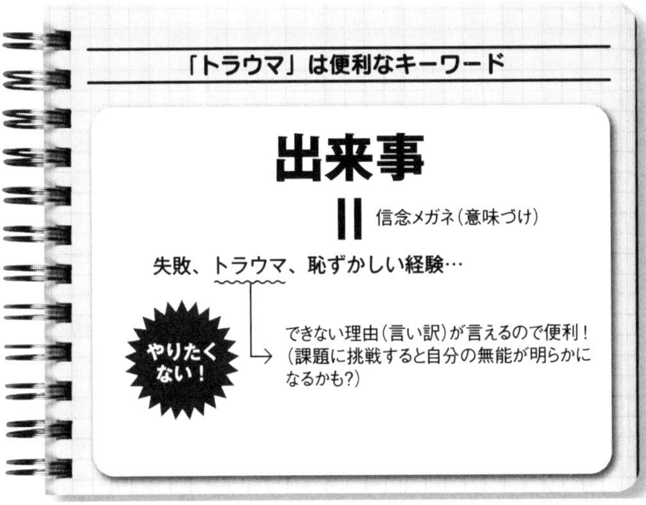
「トラウマ」は便利なキーワード
出来事
信念メガネ（意味づけ）
失敗、トラウマ、恥ずかしい経験…
やりたくない！
できない理由（言い訳）が言えるので便利！
（課題に挑戦すると自分の無能が明らかになるかも？）

「できない」は「やりたくない」だけ

「あなたはできないんじゃなくて、やりたくないんだ。やってみれば、きっとできるよ」とアドラー派のカウンセラーは言うでしょう。無能さが明らかになるのを避けるために「私は○○なので、できません」と人は自己欺瞞をします。○○には「トラウマ」「生まれつき」「性格」についてなど、あらゆるものが入ります。自己欺瞞はとても便利なので、私たちは子どもの頃からその能力を高めてきたのです。

でも、このからくりを知ってしまうと、もう素直に自己欺瞞ができなくなるかもしれません。「できない」と言っているのは、ただの自己欺瞞なんじゃないかと考えるでしょうから。自己欺瞞をやめ、直面する課題に挑戦することを「勇気」と呼びます。

人は自分専用のメガネで世界を見ている：仮想論

私たちが世界を見る見方は、客観的なものではありません。私たちは、自分が意味づけをした「世界」として見ています。

これを「仮想論（fictionalism）」と呼びます。つまり、自分を含めたこの世界を、あたかも「現実」である“かのように”理解しているのです。このことを「かのように理解（as if understanding）」と呼びます。私たちが現実だと認知していることはすべて、現実である“かのように”認知していることであり、そこには、自分がこれまで培ってきた信念の影響を受けた意味づけが施されているということなのです。

例えば「あの人は私のことを嫌っている」という信念があれば、その人の行為はすべて自分を避けている“かのような”行為に見えるでしょう。その結果として、ますます「私のことを嫌っている」という信念を強めることになります。

このような仕組みによって、人は自分の信念を捨てることができないのです。ここから脱出するためには、別の理解、つまり「私のことを嫌ってはいない」という信念を仮に取り入れてみることです。もしそれでうまくいくならば、その信念を採用しておけばいいのです。

Chapter4

生きる目的をより深く理解する

ライフスタイルの型《タイプ》

アドラーは、私たち一人ひとりは

皆違う「ライフスタイル」を持っていると説いた。

だが、そこにはある種のパターンもある。

その型《タイプ》を知ることで自分と人をより深く理解できれば

それだけ人への構えが深くなり、人を許せるようになる。

「人それぞれ仮想現実を抱いて生きている」か…

同じ職場で働いているのにどうして…と比べるのが間違いだったのだな
同じ部屋で仕事や生活をしていたって見える景色はみんな違います
昨日
大久保さんから見た仕事場の風景には大久保さん自身は入っていないでしょう?
……
よく兄弟の性格がかけ離れて育つのを見て親が「同じように育てたのにどうして」なんて不思議がることがありますが…
兄
妹
そもそも「同じ環境で人が育つ」ということは不可能なんです
他人の存在は本人にとってはすべて環境で
その環境の内容は人それぞれ異なるということか
ええ いつも不安そうなその部下の方は叱られたり自分の行動で失敗した経験がきっと多いんでしょう
環境要因としての大久保さんがその人に厳しく接すれば「やっぱり現実は私に厳しいんだ」という思いが強くなるだけです

もっと「自分にもできる」という思いを味わわせてあげないと
びく
あ あの これでよろしいでしょうか？
びく
ドキ
ドキ
ここ 数字が違ってないか もう一度確認して
また・・・
びくっ
すっ すみません！
あ いや
他はよくできているんだ
ただ焦らなくていいから確実にやってみて

まあ すぐには変わらんよな…
?
私も 彼女も
「環境」としての上司 親…か――
ガチャ
ただいま
…?
どうした?

今日は塾でも元気がなかったね
ちょっと昼に色々あってさ…
ス…
シュルッ
よかったら私も聞こう何か力になれるかもしれないし
あ うん…
へぇ… 実は意外といい人?
今日 お昼に買い物に付き合ってもらったんだけど…
SHIBUYA 109

あー
スッキリー
美幸ちゃん
いっぱい
買ったね～
あ！
もう一つ
見たいところが
あった
あそこの
4階行っても
いい？
あ
あそこは…
ね！
早く早く
美幸…
ちゃん
わーっここも
かっこいい☆

ドキッ
あら坂井〝元〟店長？
お久しぶりですね今日はお買い物ですか？
急にやめちゃったから心配してましたぁ今は何されてるんですか？
い今は充電中…かな？
へぇ無職ですか大変ですね
店長～ちょっといいですか？
今行くわね

店長？
この子が？
——でも
驚きました
坂井さんって
意外と繊細
だったんですね
あの程度の
陰口で…
くすっ
え…
この子——！
あれは
わざと私に——

お待たせ～☆
？
麻衣ちゃん？
こんなの酷い!!
…コワい話ですね…
まぁ女同士の足の引っ張り合いなんてよくあることだと思うんだけどさ
でも陰で笑われてたなんて…
……
でもさ…

ギッ
どうせ彼女なりの困難を克服する方法だったたって言うんでしょう?
じゃあ私のこの感情はどうなるんですか!
麻衣ちゃん…
ポロ
ポロ
う…
……
違うよ
人の生き方に直接干渉することはできない
結局…強くなるしかないんだよ

そんなこと言ったって…
嫉妬 妬み… そういう気持ちは
向上心がある限り完全に排除することはできない

嫉妬は他の人をけなし、非難などをするのに役立つだろう。
しかし、すべては他の人から自由を奪い、呪縛、拘束するための手段である。
――『性格の心理学』p.76――

だけど人との繋がりを断ちきる感情である以上
生きる上で有用とは決して言えないよ

生涯にわたって妬みに満たされている人は共生にとって有用でない。
そのような人は、常に他の人から何かを奪い、何らかの仕方で軽視し、
邪魔をするという欲求を示すだろう。
そして、自分が達成しなかったことに対しては、
いい訳をし、他者を責める傾向を持つ。
――『性格の心理学』p.80――

人より
優越でいたい
周りに
認められたい
この2つの
欲求をどう
満たすかで
人の性格は決まると
アドラーは言った
人間関係を優先
積極的
リーダーでいたい
好かれたい
優秀でありたい
安楽でいたい
消極的
仕事を優先
そのうえで
人のタイプは
4つに大きく
わかれるそうだよ
人間との
繋がりと
仕事のどちらを
大事にするのか
その思いを
積極的に
表現するのか
そうではないのか
それが決め手に
なるというわけ

君と彼女は…周りを支配しようとする傾向が職場の上下関係の中で衝突したんだろうね
彼女のそういう行動のクセに気づいていれば君ももう少し違った振る舞いができたかもしれないよ
タイプによって嬉しい言葉や扱われ方などで不満に思うものは異なるから
もちろんあくまで傾向であって絶対じゃないけれど
——ちがう
私は別に誰かを支配したかったわけじゃない
静かに——ただ好かれたかっただけだ

確かにその人が何に劣等感を持っていて
自分の何を向上させようとしているのかはすぐにはわからない
でもこういう洞察力を持っていたら
相手に強いマイナス感情を抱くことから自分自身を守ってあげられたかもしれないよ
優越性の目標は、隠された目標である。
…われわれがよりよい目を得て、誰もが仲間の性格をよりはっきりと見通すことができるようになれば、自分自身をよりよく守ることができるだけでなく、同時に、他の人が優越性を追求することをもはや割が合わないほど困難にするだろう。
——『性格の心理学』p.11——
理想は「この人と張り合っても無駄だ」と思えるほどに大きくなることなんだろうけどね

麻衣ちゃん
苦しくても怒りや嫉妬の感情を手放すんだ それもまた強さだから
──本当の自分を探すんじゃない
自分を変えるんだ──
じ
じゃあ 僕も性格を変えられますか？

ぼ 僕
人と話すのが
苦手で…
クラスでも
部活でもあまり
友達がいないいん
です…
ああ
性格って社会に
自分を合わせる
ための表現形式
でしかないから
心の問題だと
思うから
難しく
感じるんだ
行動を少しずつ
変えてごらん
周りの反応も
変わってくるよ
……
少しなら…
行動を
〝少し〟ですか
少しなら…きっと

解説1 4つのライフスタイルとは？

人は劣等感を補償するために努力するわけですが、その仕方は人それぞれで違います。それを私たちは「個性」や「性格」や「パーソナリティ」と呼んだりします。

アドラー心理学では、人は生まれた時から自分の人生を独自の方法で描き続けると考えて、これを「ライフスタイル」と呼んでいることは既に説明しました（66ページ）。ライフスタイルには遺伝や生育環境などの条件が間接的に影響していると考えられます。しかし、最終的にはその人個人が決め、選び取っていくものです。その結果として、その人独自の人生が描かれるのです。

ライフスタイルはだいたい10歳くらいの年齢で安定してくると言われていますが、決心次第で、いつでも変えることは可能です。また、一人として自分とまったく同じ人がいないように、ライフスタイルも一人ひとりで異なっています。とは言っても、ライフスタイルは、その特徴によって大まかに分類することができます。自分や自分の周りの人たちが、類型的なライフスタイルのどの位置あたりにいるのかを知ることは役に立つでしょう。

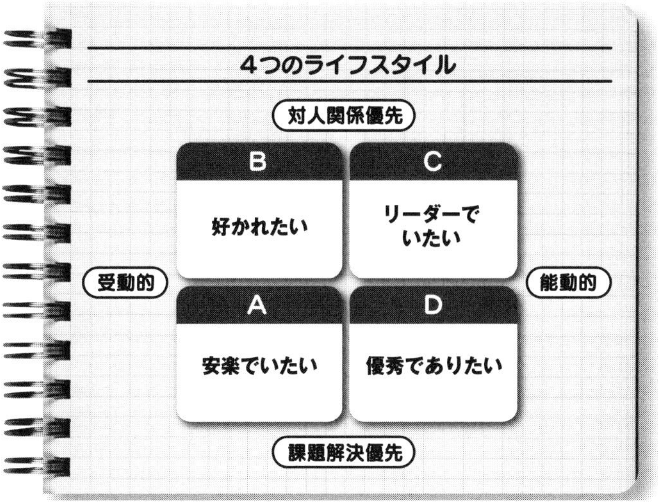

「何を一番優先するのか」の4タイプ

ライフスタイルの分類は、「何を一番に大切に考え、最終的に目指しているか（＝最優先目標）」を基準に考えます。まず横軸に「受動的⟷能動的」を取ります。目標を自分から動いて能動的に達成したいのか、それとも周りの人を動かして受動的に達成したいのかということです。次に、縦軸には「対人関係優先⟷課題解決優先」。対人関係が優先目標なのか、それとも課題解決が優先目標なのか、です。

こうしてできる4つのライフスタイル（仮にA、B、C、Dとします）の最優先目標は次の通りです。

課題解決優先で受動的なA：「安楽でいたい」
対人関係優先で受動的なB：「好かれたい」
対人関係優先で能動的なC：「リーダーでいたい」
課題解決優先で能動的なD：「優秀でありたい」

解説2　ライフスタイルごとの特徴

ライフスタイルごとの特徴を少し詳しく見ていきましょう。

Aタイプの人は、「安楽でいたい」が最優先目標なので、苦労するのが苦手です。ただし、努力しないわけではなく、面倒なことになりそうだと察知するとそれを避けるための努力をします。

Bタイプの人は、「好かれたい」が最優先目標なので、一人からでも嫌われると落ち込みます。周りの人に好かれるために気を遣ったり、一生懸命にサービスしたりします。

Cタイプの人は、「リーダーでいたい」が最優先目標なので、周りの人をコントロールして、自分が主導権を握るために努力します。

Dタイプの人は、「優秀でありたい」が最優先目標なので、一人で自分の技量を高めようと努力します。周りの人には影響されませんし、周りに合わせることもしません。

４つのタイプの特徴

Bタイプ 好かれるために努力する	Cタイプ 主導権を握るために努力する
○みんなと仲良くなろうとし、敵を作らない（あからさまな敵対行動を取ることがない） **×嫌われないように周囲に合わせて行動しがち**（考えがないように見え、「信用できない」と評価されることも）	**○頼りがいがある**（みんなをまとめて引っぱっていける） **×頑固で融通が利かない**（仕切り屋に見えるため、周りは反発を感じやすい）
Aタイプ 面倒を避けるために努力する	**Dタイプ 自分で決めたことに努力する**
○気楽で周囲を和ませる（ほっとさせられることが多い。「天然」扱いされることも） **×マイペースで成長が遅い**（鷹揚な雰囲気でイライラさせられる人もいる）	**○「やろう」と決めれば何でもできる**（自分が決めたものなら、とことん努力する） **×一人で問題を背負い込みがち**（自分で何でも解決しようとし、周囲が劣等感を感じやすい）

４タイプにはそれぞれ長所・短所がある

Aタイプの強みは、気楽さ。和んだ雰囲気を作り出すことが上手な一方、弱みとして、マイペースなのであまり成長しないことがあげられます。

Bタイプの強みは、親密さ。誰とでも仲良くなろうとします。弱みは、嫌われないように行動することが多いため、自分の考えや主張がないことです。

Cタイプの強みは、リーダーシップを取れること。周りをまとめて主導権を握ります。逆に、弱みは、頑固で柔軟性がないことです。ただし、それも場を仕切るには、必要な特徴ではありますが。

Dタイプの強みは、決めたことなら努力を惜しまず何でもできること。逆に弱みは、何でも自分で解決しようとして一人で背負い過ぎてしまうことです。

人は社会に
埋め込まれている：社会統合論

その人独自のライフスタイルが形成されるのはだいたい5歳前後、遅くとも10歳くらいまでには固まってくると言われています。そのあと思春期に入ると「自分とは何者なのか」ということ、つまりアイデンティティ（自我同一性）について考えるようになります。

アイデンティティを求めて、私たちは「自己分析」や「自分探し」をしたりします。しかし、自分の内側をひたすら見つめているだけでは、「自分」は見つからないでしょう。なぜならば、自分が自分であると認識できるのは、他者の中にいる時だからです。

他の人とともに行動することによって「ああ、この人たちは自分とは違う考え方や行動様式を持っている。その一方で、自分はこう考える人なんだ」ということに気づくのです。

人は社会の中に埋め込まれています。対人関係の中でライフスタイルを作っていくのです。社会の中で、協力や貢献の方法を学んでいくのです。アドラー心理学では、これを「社会統合論（social embeddedness）」と呼びます。対人関係の中でさまざまな困難に会うことは必然のことです。人はその中でたくさんのことを学んでいくのです。

Chapter5

人生の本当の目的とは

ライフタスク（人生の課題）は３つしかない

達成すべきことが数多くあるように見える
人生だが、アドラーによれば
成し遂げるべき本当の課題は３つしかない。
そこに幸せになるための道しるべがある。

ワイ
ワイ
うどん・そば
カレー
ライス
おかず
大学
カタン
いただきます
さっきの授業さー凄い眠かったわー
私もー
井出先生の講義って単調なんだよねー

……
使う?
ありがとー
使います?
どどうも
ここの学食カレーは金曜日がうまいんですよね
はは…たしかに
でさー井出先生ってさー

午後の講義――
あ
しまった
ペンケース
図書館に
置いて
きちゃったよ…
ガサ
ゴッ

ス……
あ あの…
これ…
使います？
いいの？
ありがとう！
い
いえいえ
放課後
ギュッ
さあ練習
練習…

なんだ 君
ラグビー部 だったんだ
あ… さっきの…
僕は弓道部 なんだけどさ
クラブハウスで 会ったこと ないよね?
そ そうだね
学部は?
け 経済学 だけど…
おお 一緒じゃん ゼミとかって もう考えてる?
それが まだ迷って て…

——そんな感じで仲良くなれそうで…
よかったじゃん！
はい　ささいなこと　かもしれないけど　僕には大きな　一歩です！
勇気を出して自分から行動すればそれがその人の性格になるってことか
はい！
それに比べて私ときたら…
報われないなぁ
？
ん？何かあったの？
うん…塾での話なんだけど…
はい　じゃあ5分で解いてね

ガラ
ピッ
ピッ
サァアアアア
カチャッ
電波の届かない所にいるか電源が入っていないため…
ピ
もしもし勝君の携帯ですか？
あもしもし勝君？
ADL学館の坂井です
サー…
勝君また遅刻……

今どこにいますか?
てくてく
あっ!
勝君 また遅刻じゃない
どうしたの?
……
別に…
こっちだって心配するじゃない
っせーな
みんなにも迷惑かかるし時間は守らないとだめだよ
こうやって授業のペースを崩されると先生だって大変なんだけどな…
にこっ
言い方言い方…

キッ
知るかよ！それがそっちの仕事だろ
だっ
勝君！
・・・
私なりに生徒のためにやってるつもりなんだけどな～
そりゃこっちの意図が伝わらないこともあるさ親の心子知らずだ
あーあ！そういうのめんどくさいなぁ
もっと楽に生きられたらいいのに

それならもっと人のことに関心を持つようにしてみたら？
ええ？それが面倒だって言ってるのにぃ
アドラーの言葉だけど
「もしわれわれが一人でこの地球に生きているのであればまったく違ったものになるだろう」
「しかしわれわれは常に他者を考慮に入れ他者に自分を適応させ自分を他者に関心を持つようにしなければならない」
つまり「自分の人生」を考えすぎるあまり
かえって生きづらくなってない？ってこと
…人はつながりの中に生きているからですか？
だからそれがうっとおしいんじゃーん
ご飯の時は座りなさい

幸せには「3つの絆」が必要だとアドラーは言ってる
何ですか？
「仕事」「交友」「愛」だ
言い換えれば人生に与えられた3つの課題とも言える
幸せになるための…ね
人間は地球環境の限界の中で
人類として個として生き残るために心身を発達させないといけない
仕事
交友
愛
自然の中で自分が生きていくためにどんな活動をすればいいかを見つけることは
人間にとって根源的なテーマなんだ
それが「仕事」っていうことですか？
ああ すべてを一人でやることはないよ
人間は「協力」を発明したからね
父 働きに
母 料理
兄 力仕事
私 ペット係
そこで自然を克服して生きるために「自分は何ができるのか」をお互いに見つけ合うことが人生の充実のためには大切になるんだ

なんか大げさ〜
ぶーーっ
人間は誰もが弱さ、欠点、限界を持つからこそいつも誰かと結びついている
人は一人では滅びてしまう存在だから
すると必然的に自分の幸せとみんなの幸せのために人とどう関わるかも大切になってくる
それが「交友」ですか
ああ年の差や上下関係を度外視したところでの仲間としての交わりだ
そしてさらに人間は二つの性でできている
多数の他者と関わると同時に一対一で自分と異なる性を持つ人と深い関わりを持つことも人間にとっては重要だ
だから「愛」とそれにまつわる結婚も幸せのためには大切な課題なんだ

人づき合いってそうするといいのか
どの課題でも「誰かのために」考えて行動することが大切なんでしょうね
僕にとってはそう意識して人と接するほうが確かに気が楽かも
その発想ができない人は危険だよ
ニュースなんかで武器を手にした殺人者が「自分に力があると感じた」と供述した…みたいな話がよくあるけれど…
それは「この道具を使っていい仕事ができれば人の役に立てる」という発想を持てなかったということでもあるんだ
「自分の行いで利益を得るのは自分だけだ」と考えている人は
人生の意味を私的にしか捉えることができない
結局自分の取り分を考えすぎるあまり自分への関心ばかりが先立って人との絆を幸せを得られない…
そんな逆説的な状況が生まれてしまうんだ
人生において最大の困難にあい、他者にもっとも大きな害を与えるのは、
仲間に関心を持っていない人である。
人間のあらゆる失敗が生じるのは、このような人の中からである。
──『人生の意味の心理学 下』p.127──

でも「その人のために」と思っていたって報われないことなんて人生にはたくさんあるだろう？
さっきの話の生徒のように
それはきっと仕事を口実にしているからですよ
ドキッ
「仕事が忙しくて」ってよく言うでしょう？
「だから友達が少ない」「異性と付き合うヒマがない」「結婚できない」…でもそういうふうに他の課題から逃げると1つの課題で成功していても人生の解釈が歪んでしまう
「男はやっぱり仕事が一番」「人生はしょせん金だ」「愛があれば何もいらない」みたいにね

バランスが大事 ということか…
確かに私が娘に 厳しかったのは 本当に娘のことを 思っていたのではなく
家庭にわずらわされず 仕事に集中したかっただけ かもしれないな
勝君は… 君が「仕事だから 自分と関わっている」 と感じたことに 反発したのかも
仕事として 人と深く交わる… それが先生という 職業の難しい ところなんだよ
でも私は 私なりに一生懸命 やってるし…
人は自分の目線 でしか世界を 見ることは できないん でしょう?
だったら 人のことばかり 考えるなんて 意味ないんじゃ
そんな ことはないさ
人間には 「理解する」 という 能力がある
その人のことを 自分のことの ように考える 能力があるから
どんなものであれ、人間の能力が発達するのは、仲間の人間に関心を持つことによってだけである。…理解は、私的ではなく、共有する機能である。…それは、共有された媒介を通じて、われわれ自身を他者と結びつけ、すべての人類共通の経験に従うことである。
――『人生の意味の心理学〈下〉』p.129――

これを「共同体感覚」なんて言うんだけど…
RRRRRR
RRRR
はい日暮荘です
ガチャ
はい…
え!?
大変!!
勝君がパン屋さんで万引きしてつかまったって!
……
ガタッ
彼の家は母子家庭でお母さんが夜は仕事だ
塾の帰りだからこちらに連絡が来てしまったんだ
私行ってきます!
僕はお母さんと連絡をとってから後を追うよ
勝君!

解説1 3つのライフタスクとは？

私たちはなぜ人間としてここに存在しているのでしょうか。それは、人類が地球という惑星の上で、滅亡せずに発展してきたからです。あたりまえのことですが、私たち一人ひとりは人類の一員なのです。

アドラーは、「私たちは地球上で生きている人類の一員である」という動かせない事実から考えをスタートさせました。そして、私たち自身の幸福と人類の幸福のために、個人がなすべき課題は3つあると主張しました。それを「ライフタスク（人生の課題）」と呼んでいます。

1つめの課題は、人類の一員であり続けるために、厳しい自然の中で人類が存続するための仕事をどのようにして見つけるかという課題です。これを「仕事のタスク」と呼びましょう。人間は一人ではとても弱い存在です。しかし、仕事を分担し、協力し合うことによって、地球上で存続し続けてきました。一人ひとりが違った資質を持ち、違った能力を発揮することで、私たちの社会を発展させることができるのです。

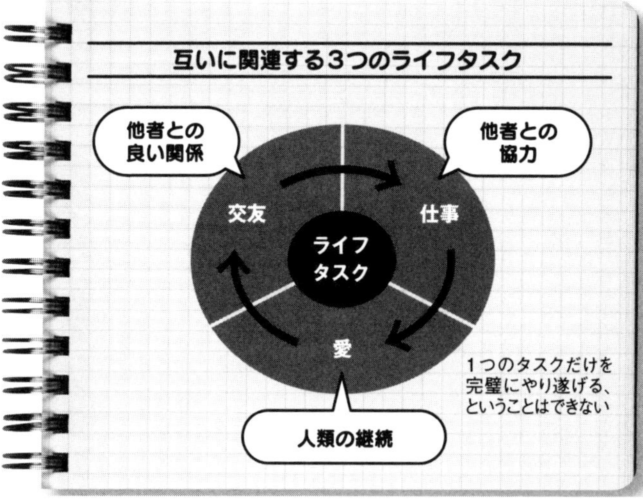
互いに関連する3つのライフタスク
他者との良い関係
他者との協力
交友
仕事
ライフタスク
愛
1つのタスクだけを完璧にやり遂げる、ということはできない
人類の継続

人間のタスクは他者と切り離せない

2つめの課題は、仲間の中で自分の居場所をどのようにして見つけるかという課題です。これを「交友のタスク」と呼びましょう。人類の一員として生きていくためには、常に他者と結びついていなければなりません。

そのためには、他者に対して関心を持ち、他者の存在を考慮することが必要です。この結びつきが発展すると「友情」という感覚になります。

3つめの課題は、子孫を残すことで人類の継続に寄与するという課題です。これを「愛のタスク」と呼びましょう。人類には男と女の2つの性があるということ、その性の役割を成就することで人類の継続に寄与できるということです。そこには一対一の愛の課題が課されています。

解説2　3つのタスクはすべて人類全体への関心に向かう

3つのライフタスクとして、仕事、交友、そして愛のタスクをあげました。愛のタスクは人類の継続に関わり、交友のタスクは他者との良い関係に関わり、仕事のタスクは他者との協力に関わることとです。そして、この3つはすべて人類全体への関心に向かっています。アドラーは、これこそが「人生の意味」であると主張しました。

この3つのライフタスクに対して、その人がどう反応するかによって、その人が自分の人生についてどう考えているのかが明らかになります（図）。ただし、常に言えることは、3つのライフタスクは、お互いに関連しあっていることです。

例えば、仕事のタスクのみに集中しても、完璧にそれを達成することはできません。同じ仕事に関わっている人たちが互いに協力する必要がありますから、交友のタスクにおいて他者に関心を持ち、良い関係を作ることを練習しなければなりません。仕事と交友の基盤として、自分のパートナーと互いを尊重した対等な立場で協力し合うというタスクを成し遂げることも必要です。

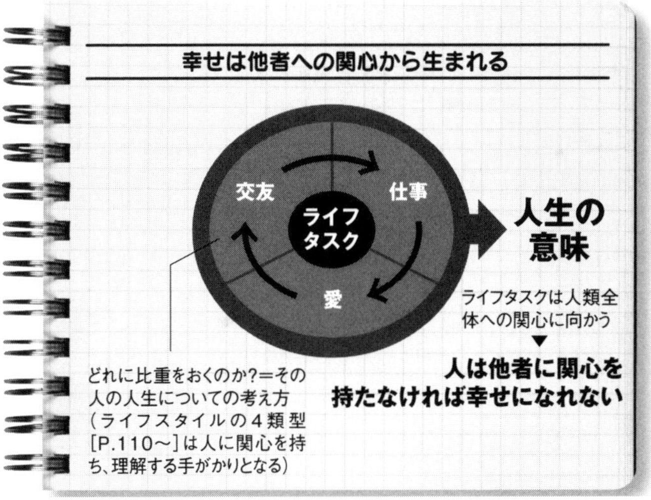
幸せは他者への関心から生まれる
交友
仕事
愛
ライフタスク
人生の意味
ライフタスクは人類全体への関心に向かう
▼
人は他者に関心を持たなければ幸せになれない
どれに比重をおくのか?＝その人の人生についての考え方（ライフスタイルの４類型[P.110〜]は人に関心を持ち、理解する手がかりとなる）

幸せは必ず他者への関心の中にある

さて、３つのライフタスクを成し遂げようとする過程で、各個人は他者への関心に方向づけられ、最終的には人類全体への関心へと方向づけられます。もし他者に関心を持たないとしたら、その人が抱くのは「自分自身への関心」です。ひたすら自身の利益と個人的な優越性を追求するようになるのです。

そうした人たちは、自分自身が仕事から何を得るか、友人から何を得るか、パートナーから何を得るか、ということを考えて生きています。ライフタスクを果たす中で、自分が何を得るかと考えて生きる人は幸福にはなりません。「人生は自分の利益のために存在する」と考えているからです。その考えは他者と共有できません。その結果、仲間の中で生きていくことができず、幸せになれないのです。

勇気と怖れ

アドラーは、「人生の意味は、ライフタスクを協力的な方法で成し遂げることだ」としました。これについて「もしも子どもがすべての人にとって親しい友になり、有益な仕事と幸福な結婚によって社会に貢献することができるのであれば、他者より劣っているとか、負けたとも感じないだろう」（『人生の意味の心理学・下』p.138）と書いています。

このように他者への関心を持って、協力することを学べば、どんな困難に直面しても「勇気」を持って行動することができます。なぜなら、自分がこの世界の一員として所属していることを実感しているからです。

反対に、自分への関心にとらわれてしまうと、「怖れ」が生まれます。自分への関心だけで行動している人は周りから仲間として認められないからです。その結果として、その人にとっての世界は自分と対立するものとなり、困難な課題に直面してもそれを回避しようとするでしょう。それが怖れとなって現れるのです。

Chapter6

心を満たす幸せのかたち

「共同体感覚」を持つ

幸せとは手に入れるものではない。

幸せとは、感じるものであり、

共有するものである。

アドラー心理学が考える

「幸せのかたち」とは？

勝君…!
麻衣ちゃん お願いが あるんだけど…
はい?
あの子 多分 自分がやったことの 意味をわかって ないと思う
できれば それに気づかせて あげてほしい
麻衣ちゃんの 言葉で
――なんて 言ったって…
BREAD FESTA
STAFF ONLY

すいません遅くなりました！
ガチャッ
あんたは？
この子が通っている塾の講師です
親は？
あとから来ます
こいつ全然反省してないから警察に連絡するけど
ま まってください！私が話を…
おいガキ「たかがパン1個くらい」とか思ってるんだろ
その1個にこっちはどれだけ手間暇かけてると思ってるんだ
フイッ

…っ
…ふん
親が来たら呼んでくれ
まだ仕事があるんだ
はい…
はぁ
パタン
勝君…
どうしてこんなこと…?
……
関係ねーだろ
みんなどれだけ心配してると思ってるの
藤崎先生だって…
うっせーな!
カネ払えばいいんだろ!ほらよ!
チャリーン

そういう問題じゃないでしょ！
ちゃんと謝らないと…
ほっとけよ！
関係ないだろ！他人のくせに勘違いしてんじゃねーよ！
びくっ
FRANK
オレが死んでも泣かないくせに
「死ぬ」とかそういうこと
簡単に言うんじゃないわよ！

バタン
…っ
勝！
そこまでお母さん連れてきたよ
どうして万引きなんか！
…こんなのゲームみたいなもんだろ
みんなやってるだろ
前にヨンテンドーGSなくした時 あんた夜も眠れなかったじゃない！
あれが盗まれてたとしたらあんたどんな気持ちだと思うの！
…し知らねーよ
こいつ親が頭下げてるのに何とも思わねーのか！
もう警察呼ぶぞ？
申しわけありません父親がいなくてちゃんと叱ってやれなかったから…

勝君 パンを1個 盗むって
どういう ことだか わかる？
……知らない
じゃあ 例え話を しようか
君が大きく なって ずっと夢だった パン屋さんを 開いたとしよう
毎朝4時には起きて パンを焼き お店も掃除してる すごく忙しいんだ わかる？
…うん
でも 君は頑張れる どうしてだろう？
…好き だから？
そうだね それに 「おいしい」と言って 買ってくれる お客さんがいるし
そのお金で 大切な家族を 養っているからだ
ある日 小学生の男の子が一人で店に来た
「何を買ってくれるかな？」と君は楽しみに思った
だけど男の子は いつのまにか いなくなっていて
1個パンが 減っていた
その子が 盗んで 行ったんだ
このパン屋さんは どんな気持ちに なるだろうね？

……むかつく
あと…悲しいかも…
君がその男の子に注意するとしたら
なんて言うと思う？
……っ
…どんな理由があったって
ポロ
ポロ
人のものを盗ったらだめだ…

うん それが君がやったことだ
今どうするべきかわかるね?
コクン
すくっ
ごめんなさい…
食え腹減ってたんだろ
MILK

MILK
ありがとうございました
よかったですね許してもらえて
先生さっき…初めて本気で怒ったでしょ？
笑ってる
…え？
あ ああそうかもね

勝君 自分のしたことをちゃんと理解してくれたみたいですね
「なりたくてこうなったんじゃない」
誰にだってそんな思いは少なからずあるものさ
怠けたり嫉妬したり
敵意を抱いたり悪いことをしたり…
度合いは違えどそんな振る舞いをしてしまうのが人間だ
だけどそんな生き方をしたくて選ぶ人なんかいない
……

正しく関心を持たれることで人に正しく関心を持つことを学ぶ
その機会がないから人はそういう道に進んでしまうんだ
誰だって誰かのおかげで生きている
先人の知恵や成果も含めてね
だからあんな話を…
それに気づかせてあげる必要があるんだ
われわれは見ること、聞くこと、話すことにおいて他者と結びついている。人は外界に関心を持ち、他者と結びついている時にだけ、正しく見、聞き、話すのである。
──『生きる意味を求めて』p.230──
それを「共同体感覚」とアドラーは呼んで
人が成長するためにとても重要なものとしたんだけど…
さっき言いかけてたことだ
ひとことで言えば人とつながっている感覚…かな
人とつながっている感覚…

人は「十分認められていない」という気持ちがあると人とのつながりを感じられず――
「自分は自分」と考えて「人には何をしてもいい」と思ってしまう
だから僕たちはああいう子をもっと認めてあげないといけないんだ
その存在をその心をありのまま…ね
心を認める…
最初に少し言い争っていただろう?
僕には彼の声はこんなふうに聞こえたよ
「僕だって頑張ってるどうしてこうなったのか自分にもわからないんだ先生 助けて」って
言ったことが本当に言いたかったこととは限らない
相手の目で見て相手の耳で聞き相手の心で感じる
そうして初めて「その人の本当の気持ち」がわかるんだ

われわれの言葉は、一言で精神生活の最も繊細な形成物を表現するにはあまりに貧しい。それゆえこの表現によって隠されている多様性を見逃してしまうことになる。そこで言葉にしがみつく人には矛盾が見えてきて、精神生活の統一性は決して明らかにならない。

——『生きる意味を求めて』p.232——

数日後——
個別指導塾
藤崎ADL学館
バタ
バタ
先生 こんにちはーっ
勝君 こんにちは すごい もう10日も 遅刻してないね
先生に 迷惑かけちゃ いけないからな
はは…
勝君…
変わり ましたね

きっと嬉しかったんじゃない？君が本気で怒ってくれたことが
君があの子の心を救ったんだ
1時間目英語だっけ？
うん麻衣先生
ぴくっ
麻衣先生楽しいよね
私も先生の授業好きー
麻衣ちゃん君も変わったよ
え!?
心が前より広くなった

あ いや～ どうかな…
ここに来た時は… 同僚に裏切られた せいで
「他人には気を許せない」と構えていたんじゃない？
でもね けっこう いろんな人が 君のこと 気にしてるんだよ
自分を許し 人を許しながら 成長を目指す
その努力は きっと誰かの役に 立つから――
日々そう 思って 前を向く ことが
楽に生きる 秘訣だと… 僕は思うん だよね

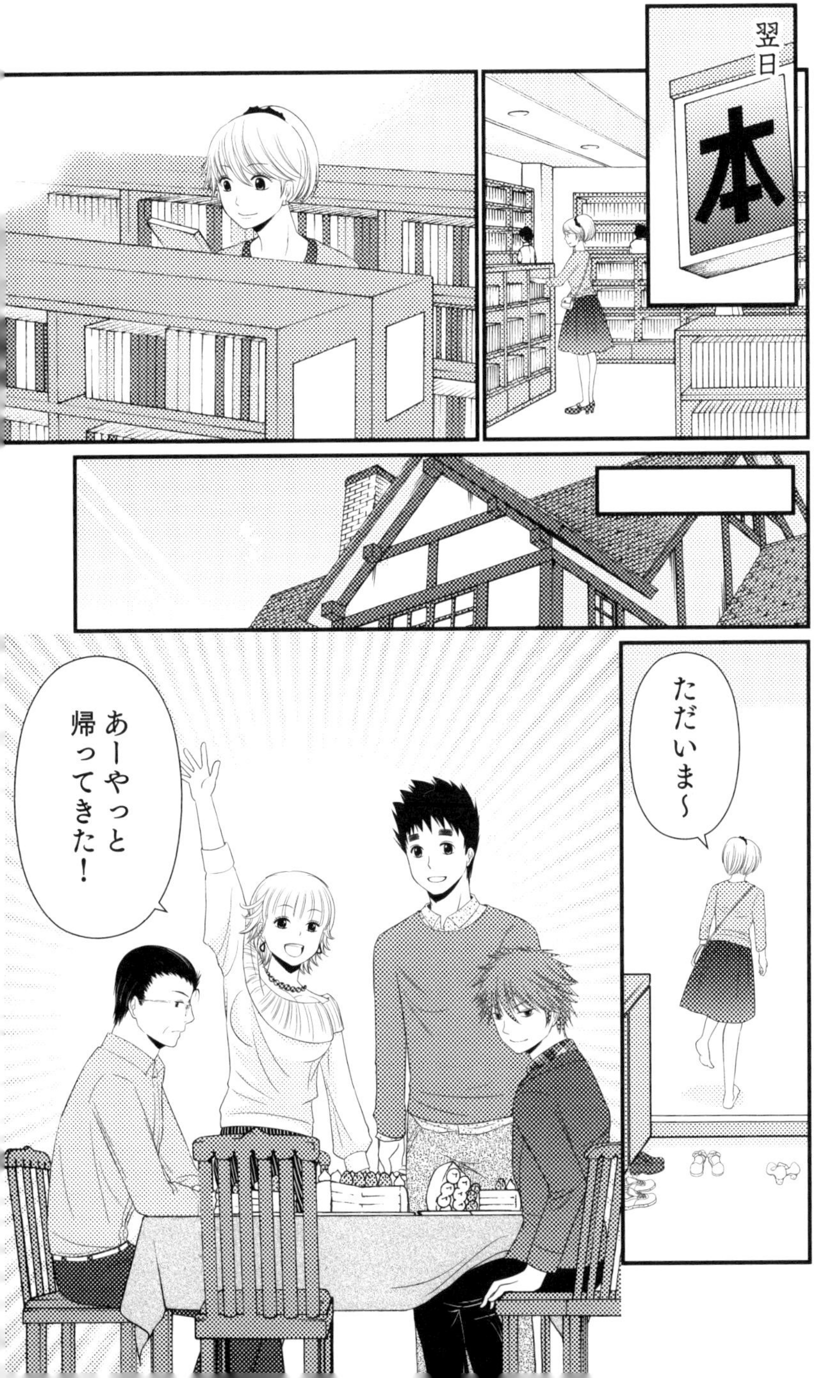
翌日
本
ただいま〜
あーやっと帰ってきた!

大久保さんがケーキ買ってきてくれたんですよ
会社の近くに新しくお菓子屋ができてなたまにはいいだろ
コホン
みんな麻衣ちゃんのこと待ってたんだから
おかえり

すべての真の「人生の意味」の印は、
それが共通の意味を持っているということである。

みんな私のこと…
私コーヒー淹れる
じゃあ僕紅茶用意します
麻衣さんその本は？

『英語指導のアイデア』…?
難しそう～
英語指導のアイデア
アパレル関係で就職活動してるんじゃなかったのか?
そうだったんですけど…
しばらく塾の先生続けてみようかなって…
自分の勉強にもなってるし
それに…
他の人が共有できる意味であり、
他の人が受け入れることができる意味である。
もう少しみんなと生活するのも悪くないかなって…
いただきまーす☆
…このような人生において表明される意味は、常に、
「人生の意味は全体への貢献である」
ということになる。
――『人生の意味の心理学　上』p.15――

解説1 ― 所属→貢献→自己受容→信頼のサイクル

共同体感覚とは、英語ではsocial interest、つまり「社会への関心」ということです。その反対は、self interest、つまり「自分への関心」ということです。人間は生存していくために自分への関心は必然的なものです。一方、社会への関心は、生まれつきのものではなく、努力と練習によって育てていかなければなりません。

共同体感覚を細かく見てみると、所属・貢献・自己受容・信頼の4つの感覚からなっています。「所属」とは、その共同体の中に自分の居場所があるという感覚です。自分が他の人たちと同じように所属していること、安心してその中にいられるという感覚です。もし所属の感覚がなければ、自分は仲間外れになっていると感じるでしょう。

「貢献」とは、周りの人の役に立つことができるという感覚です。自分の能力を使って他の人とその共同体に貢献できるという感覚です。

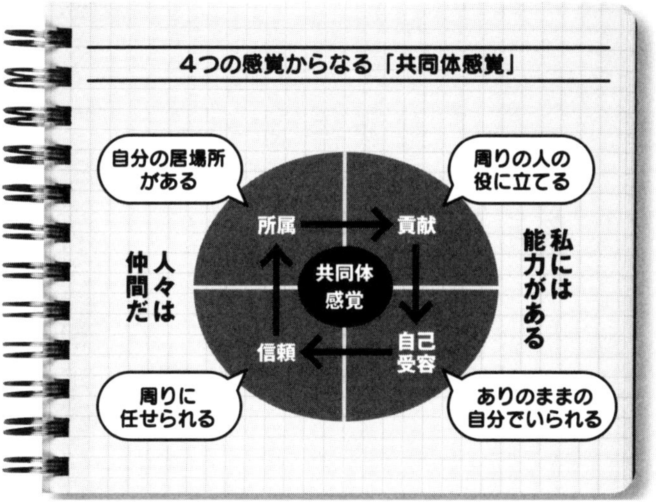

ありのままで委ね合える場を見つける

「自己受容」とは、その共同体の中でありのままの自分でいられるという感覚です。自分を飾ったり、偽ったりすることなく、そのままの自分でいていいと感じることです。

「信頼」とは、周りの人たちに任せることができるという感覚です。周りの人を信頼し、安心して任せることができると感じることです。

以上のうち、所属と信頼を「人々は仲間だ」という感覚、貢献と自己受容を「私には能力がある」という感覚だとまとめることができます。周りの人たちが自分の仲間であり、その中で自分は自分の能力を使って、周りの人たちの役に立ち、貢献することができるという感覚が、共同体感覚だと言えるでしょう。

解説2 自分の共同体感覚を育てることが幸福への道になる

共同体感覚でいう「共同体」とは、ある範囲で人と人がつながったグループのことで、その大きさや性質にはさまざまあります。アドラーが「地球上に生きる人類」ということから話を始めているのを見ると、共同体感覚とは人類全体に関わる抽象的な概念であると捉えられます。しかし同時に、共同体感覚は、目の前の他者との関係をどう考え、どう振る舞えばいいのかという非常に具体的な問題でもあります。

例えば、目の前にいる人に対して、その人にとっては厳しいことを言わなくてはならない時がありますが、その人との関係を壊したくないので、それを言うべきかどうか迷います。しかし、このように私たちの悩みの多くは対人関係です。こんな時は、自分の行動がより大きな共同体にとってどういうことなのか、ということを考慮することが判断基準になります（図）。私たちの共同体感覚は、常に挑戦を受けています。それに対して、自分自身の共同体感覚を着実に育てていく必要があるのです。

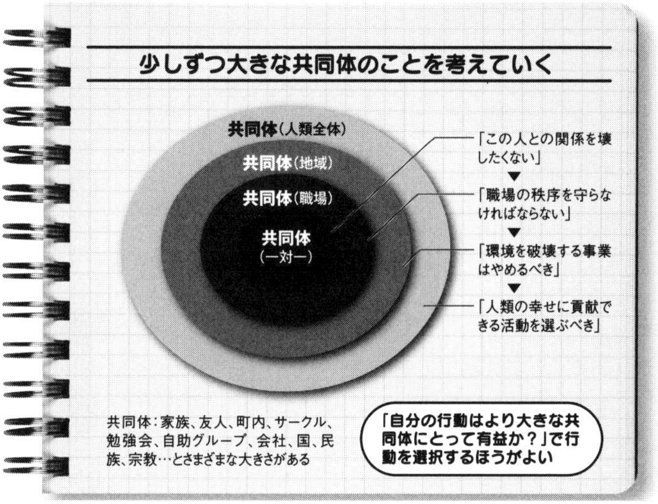

少しずつ大きな共同体のことを考えていく
共同体(人類全体)
共同体(地域)
共同体(職場)
共同体
(一対一)
「この人との関係を壊したくない」
「職場の秩序を守らなければならない」
「環境を破壊する事業はやめるべき」
「人類の幸せに貢献できる活動を選ぶべき」
共同体:家族、友人、町内、サークル、勉強会、自助グループ、会社、国、民族、宗教…とさまざまな大きさがある
「自分の行動はより大きな共同体にとって有益か?」で行動を選択するほうがよい

「自分だけの理屈」を共有できるものに変える

人は共同体の中で、常に自分の居場所(所属)を求めています。人はすべて最終目的として所属を目指していると考えると、複雑に思える他者の行為もシンプルに見えてくるでしょう。ただし、その方法は千差万別。自分にしか通用しない考え(「私的論理[private logic]」)で達成しようとすると、周りからは不適切な行動とみなされます。共同体感覚を育てる努力とは、各自が自分の私的論理に気づき、共同体のメンバーが共有できる「共通感覚(common sense)」へと変換していくことなのです。

共通感覚を持つことで、その共同体の中で、そのままの自分の居場所があり、自分の能力を使って他者に貢献できるようになっていきます。それが喜びを生み出し、幸福な人生につながっていくのです。

アドラーの知恵 column6

共同体感覚を個人の主体性によって採用する

自分の共同体感覚を育てていくことは、幸せな人生を送ることへの鍵になるとアドラー心理学は教えています。しかし、それは絶対的な価値ではありません。絶対的な価値であると宣言したとたんに、それは宗教になります。アドラー心理学は「科学」ですので、共同体感覚もまた「相対的な価値」であるという立場を堅持します。

相対的な価値である共同体感覚を採用するのかどうかを決めるのは、あなた自身です。それを「個人の主体性(creativity)」と呼びます。あなたの考え方や生き方は、最終的にはあなた自身が決めるということです。

アドラー心理学は、「もし共同体感覚というものを想定すれば、世界はこのように見えて、あなたの生きる意味はこのように定義できる」ということを提案しています。それは、P.92のコラムで説明した「仮想論」に基づいています。その提案に対して、「OK、その考え方を採用してみよう。そうしたら私の生き方はどうなるかを試してみよう」と決断し、実行するのは、あなた自身なのです。

謝辞

長年の恩師である野田俊作先生に感謝します。アドラーギルドでの野田先生の講座からたくさんのことを学びました。また、たくさんの翻訳書と解説書をたゆみなく出版してアドラー心理学の普及に貢献している長年の友である岸見一郎さんに感謝します。彼の著作と翻訳からたくさんのことを学びました。最後に、アドラー心理学に関するたくさんの有用な論文を公開している日本アドラー心理学会に感謝します。その一つひとつの論文がアドラー心理学の発展のための基礎となるでしょう。

向後千春

参考文献（著者アルファベット順）

・アルフレッド・アドラー（岸見一郎訳）『生きる意味を求めて』アルテ、2007
・アルフレッド・アドラー（岸見一郎訳）『人間知の心理学』アルテ、2008
・アルフレッド・アドラー（岸見一郎訳）『性格の心理学』アルテ、2009
・アルフレッド・アドラー（岸見一郎訳）『人生の意味の心理学（上・下）』アルテ、2010

・アルフレッド・アドラー（岸見一郎訳）アルテ、『個人心理学講義』2012
・アンリ・エレンベルガー（木村敏・中井久夫監訳）『無意識の発見（下）』弘文堂、1980
・エドワード・ホフマン（岸見一郎訳）『アドラーの生涯』金子書房、2005
・ガイ・マナスター、レイモンド・コルシーニ（高尾利数・前田憲一訳）『現代アドラー心理学上・下』春秋社、1995
・Jane Nelsen: Positive Discipline. Ballantine Books, 2006
・クリストファー・ピーターソン（宇野カオリ訳）『ポジティブ心理学入門』春秋社，2012
・サトウタツヤ『方法としての心理学史』新曜社、2011
・J. Yang, A. Milliren, and M. Blagen: The Psychology of Courage: An Adlerian Handbook for Healthy Social Living. NY:Routledge, 2010

言動は目的を洞察することで正しく理解できる」とする人間理解の立場。(対:原因論)

や行

優越への努力　P46

競争心や嫉妬心から「あの人に勝ちたい」と思って努力すること。優越への努力は、他者との敵対を招き、失敗は敗北を意味する。(対:完全への努力)

勇気　P91・136

自己欺瞞をやめて、課題に正面から向き合い、挑む気持ちのこと。 他者への関心を持ち、協力することを学ぶことで、人は勇気の出し方を学ぶことができる。

有機体論　P70

人間は部分が統合された全体として存在し、一つの意味を持っており、部分を切り出して分解してもその人を理解することはできない、とする考え方。無意識、感情、心だけを切り出して分析しても、その持ち主を理解することはできない、とする立場。

ユング　P24

カール・グスタフ・ユング(1875～1961)は、スイスで活動した精神科医で、分析心理学の創始者。1907年にフロイトと出会うが、のちに決別した。無意識には個人的な無意識と人類が普遍的に共有する集合的無意識があるとした。

要素論　P67

「全体としての人間の行動が、無意識や感情などの要素によって決定されている」とする考え方。(対:全体論)

ら行

ライフスタイル　P66・110・112

人生の目標設定とその達成の仕方に見られる、人それぞれのユニークなあり様。生まれてすぐ形成し始め、10歳くらいで、ある程度固まるとされている。

ライフタスク　P132・134・136

アドラー心理学が考える人間が生きる理由。幸せな人生を獲得し、人類の幸福に貢献するために人が克服するべき課題。仕事・交友・愛の3つのタスクがある。3者は互いに関連しており、1つのみを究めたり、それによって他のタスクの未達を補償する、といったことはできない。

臨床心理学　P22・25

心理、行動面の問題解決や適応などのために援助、助言、相談などを行い、障害の予防や治療を行う心理学の応用分野。

劣等感　P44・46

「自分が他者より劣っている」と主観的に感じる(思い込む)ことで生じる感情。

劣等コンプレックス　P45

劣等感と正面から向き合い努力によって克服しようとするのではなく、言い訳をしたり、理屈をつけたりして、劣等感を感じる自らの性質を事実として受け入れてしまったときに訪れる感情。劣等コンプレックスを抱くと、人はその部分での努力を諦め、「できない理由」を口にするようになる。

劣等性　P44

他者と比較して客観的に能力が劣っている性質のこと。

所有の心理学　P68
無意識や感情などの部分は、人（全体）を支配（所有）して突き動かすことがある、とする心理学の考え方（対：使用の心理学）
信念　P88・92
「世界は～である」など、世界や周りの人に対する仮想的な理解の仕方のこと。人は信念に基づいて世界や人の行動を意味づけるため、常にその信念を強化する理由を探している、とも言える。「ほら、やっぱり世の中は○○だ」などと人が思いがちなのはそのため。
信頼　P156
共同体感覚を構成する感覚。所属する共同体の中で、周りの人に安心して任せることができる、という感覚。
心理学　P22・24
人の行動と意識の現象との関連性を研究する学問。
全体論　P22・67・70
「人間の意識、無意識、思考、行動などは、対立せず、協力し合って人間全体を作っており、個人としては一貫している」とし、人間を一つの分割不可能な全体（統一体）としてとらえる見方。（対：要素論）

た行

トラウマ（心的外傷）　P90
その人にとって心理的に大きな打撃となった経験のこと。

な行

人間性心理学　P25
人は無意識や外的環境に支配されて行動するのではなく、自由意志をもった主体的な存在であると見なして、人間を全体的に理解しようとする心理学の立場。
認知心理学　P25
心理学的アプローチの一つ。人の記号・情報処理（認知）の過程を理解することで人間の性質を解明しようとする。行動主義と対比的な立場で、脳科学と関連して発展。

は行

フロイト　P24
ジークムント・フロイト（1856～1939）は、精神分析を創始した人物。ウィーンで長く活動したが、晩年にはナチスに追われ、ロンドンに亡命した。無意識に着目し、性的衝動の基になる心的エネルギー（リビドー）によって人の行動の多くを説明しようとした。
ポジティブ心理学　P25
人間や組織、社会の姿はどのような状態、要素によって本来あるべき優れた方向に向かうのかを解明しようとする心理学の領域。幸せとはどのように創り出せるのか、を関心事とする。
補償　P44
劣等感を感じている欠陥部分を努力によって肉体的に克服したり、劣等感を感じずにすむ（ごまかせる）ような価値観を持つこと。劣等感を解消または覆い隠すために肉体的、精神的に努力すること。アドラー心理学においては、人間の行動の動機として重視される。

ま行

目的論　P22・48
「人間は目的がまずあって、それを達成するために思考したり行動したりしている。人間の

行動主義　P25
心理学の基本的な立場の一つ。客観的で観測可能な人の行動を研究対象とし、刺激＝反応の関係性、法則性を見出すことで人間の性質を解明しようとする。
交友のタスク　P133・135
アドラーが提唱した、人間が克服すべき３つのタスク（ライフタスク）の一つ。仲間の中で自分の居場所をどのように見つけるか、という課題。達成するには、他者に対して関心を持ち、他者の存在を考慮する必要がある。他者との結びつきが発展すると「友情」が生まれる。
個人心理学　P70
アドラーによる自らの心理学の呼び名。個人（individual）とは、「分割できない」という意味で、アドラーは、個人はそれ以上分割することはできず、全体として理解するべきだ、と説いた。
個人の主体性　P22・160
人の人生は何かの原因や環境で「できる」「できない」が決まるのでなく、自分で人生を決めることができる、とする考え方の根拠にあるもの。
個性　P110
劣等感を補償するための行動様式でパターン化されたもの。同じような劣等感を抱いている人でもそれに対する向き合い方や、乗り越え方は人によって異なる。アドラー心理学においては「性格」「パーソナリティ」などの語も同様の文脈で使われる。

さ行

自己欺瞞　P90
自らの無能さが露呈することを恐れて、「○○のせいでできない」などと言い訳をして、行動を起こさないこと。
自己受容　P157
共同体感覚を構成する感覚。所属する共同体の中で、自分がありのままでいることができている、という感覚。
仕事のタスク　P132・134
アドラーが提唱した、人間が克服すべき3つのタスク（ライフタスク）の一つ。地球上で人類が存続するためには、人は一人ひとりが、自分らしい資質を生かして社会の発展に貢献する必要がある。そういう仕事をどのようにして見つけるかは、人生において重要な課題となる。
私的論理　P159
自分にしか通用しない目的達成のための考え方。他者とは共有されえないため、固持していると共同体感覚を抱くことができない。共同体感覚を育むとは、私的論理で動いている自分に気づき、共同体のメンバーが共有できる共通感覚へと変換していくこと。
社会統合論　P22・114
「人間は社会に埋め込まれている社会的な存在である」とし、何者にも依存しない孤立する人間を考えることはできない、とする考え方。
使用の心理学　P68
意識、無意識、理性、感情、心、身体といった要素（部分）の活動を最終的に決め、全体としての行動を決めているのは個人の意志である、とする心理学の考え方。アドラー心理学はこの立場をとる。（対：所有の心理学）
所属　P156
共同体感覚を構成する感覚。「この共同体の中に自分の居場所がある」という感覚。仲間の中で安心していられる感覚。

アドラー心理学がわかる用語集47

あ行

アイデンティティ　P114

「自分とは何者か」に対する実感。「自分はどう生きるべきか」「何のために生きているのか」など、社会に自分を位置づける問いに対して肯定的な回答ができるとき、人は「アイデンティティが確立された」状態を獲得する。

愛のタスク　P133・134

アドラーが提唱した、人間が克服すべき3つのタスク（ライフタスク）の1つ。2つの性のうちの一方として、その役割を成就することで、人は人類の継続に貢献できる。一対一で異性と向き合い、愛し合うことは、幸せのための重要な課題。

アドラー　P22・24・26

アルフレッド・アドラー（1870〜1937）は、オーストリア生まれの心理学者で、個人心理学の創始者。ウィーン大学医学部を卒業した後、眼科医を始める。1902年頃からフロイトと交流を始める。晩年はアメリカに渡って活動した。

因果律　P22

「原因が作用するから結果が生まれる」（原因のない現象は存在しない）とする考え方。自然科学の立場がその典型。

怖れ　P136

自分への関心にとらわれた人が陥る感情。他者が常に競争相手となるため、困難な課題を回避しようとして現れる感情。

か行

仮想論　P22・92・160

「人間は、自分、他者、周りの世界を見たいように見ており、“あたかもそれが真実であるかのように”意味づけ、行動している」とする人間理解の立場。

かのように理解　P92

人間が、自分を含めたこの世界をあたかも現実である“かのように”理解している、その様のこと。

完全への努力　P46

共同体に貢献し、共同体が完成することを目指して努力すること。完全への努力は、人とのつながりを意識させ、失敗しても共同体が成長するための礎として評価される。（対：優越への努力）

共同体　P158

ある範囲で人と人とがつながったグループのこと。一対一の関係が共同体の最小単位。家族、友人、町内、サークル、勉強会、自助グループ、会社、国、民族、国家、宗教など、さまざまな規模と種類の共同体がある。

共同体感覚　P156・158・160

社会に対する関心のこと。努力と練習によって培っていく必要がある。共同体感覚は、所属・貢献・自己受容・信頼の4つの感覚から成り立っている。

原因論　P48

「過去の原因が現在の行動を決めている」というように人間を見る立場。（対：目的論）

貢献　P156

自分の能力を使って周りの人に貢献できている、という感覚。

作　　画：ナナトエリ
作画協力：柊ケイ、加来幸平、てっちゃん、
　　　　　ごると、ななちゃん
解説と監修：向後千春
編集協力：裏柳すず

〔監修者紹介〕

向後　千春（こうご　ちはる）

日本アドラー心理学会会員。早稲田大学人間科学学術院教授。博士（教育学）（東京学芸大学）。

1958年生まれ。専門は教育工学、教育心理学、アドラー心理学。特に、eラーニング、成人教育、インストラクショナルデザイン。著書に『教師のための「教える技術」』（明治図書出版, 2014）、『200字の法則 伝わる文章を書く技術』『いちばんやさしい教える技術』（永岡書店, 2014, 2012）、『統計学がわかる』『統計学がわかる【回帰分析・因子分析編】』（技術評論社, 2007, 2008）など。早稲田大学オープンカレッジにて、アドラー心理学講座を担当。

コミックでわかるアドラー心理学　（検印省略）

2014年10月26日　第１刷発行
2015年４月27日　第11刷発行

監修者　向後　千春（こうご　ちはる）
作　画　ナナト　エリ（ななと　えり）
発行者　川金　正法

発行所　株式会社KADOKAWA
〒102-8177　東京都千代田区富士見2-13-3
03-5216-8506（営業）
http://www.kadokawa.co.jp

編　集　中経出版
〒102-0071　東京都千代田区富士見1-8-19
03-3262-2124（編集）
http://www.chukei.co.jp

落丁・乱丁本はご面倒でも、下記KADOKAWA読者係にお送りください。
送料は小社負担でお取り替えいたします。
古書店で購入したものについては、お取り替えできません。
電話049-259-1100（9：00～17：00／土日、祝日、年末年始を除く）
〒354-0041　埼玉県入間郡三芳町藤久保550-1

DTP／フォレスト　印刷／暁印刷　製本／BBC

©2014 Chiharu Kogo, Eri Nanato, Printed in Japan.

ISBN978-4-04-601011-7　C2011

本書の無断複製（コピー、スキャン、デジタル化等）並びに無断複製物の譲渡及び配信は、著作権法上での例外を除き禁じられています。また、本書を代行業者などの第三者に依頼して複製する行為は、たとえ個人や家庭内での利用であっても一切認められておりません。